새로워진 교재
더 좋은 엄마!

한 아이가 태어났습니다.

엄마에게 아이는 경이롭고 신비한 우주이며, 아이에게 엄마는 최초로 경험하는 따뜻한 세상입니다.

아이가 옹알옹알 말을 시작하고, 걷고 뛰고, 울고 웃는 한순간도 엄마는 놓치지 않습니다.

아이가 말과 글을 익히고 수와 셈을 하는 순간에도 엄마는 눈을 뗄 수 없습니다.

엄마의 눈 속에서 자란 아이는 곧 친구들과 뛰어놀고 선생님과 공부하며 차츰 사물의 원리와 사회의 규칙을 알아 갑니다.

이제 엄마는 아이와 매 순간을 할 수 없지만, 엄마의 눈과 귀는 항상 아이를 향합니다.

비록 아이가 살아가야 할 세상이 녹록지 않고 힘들더라도 엄마는 아이를 믿습니다.

'넌 잘할 수 있어!', '항상 좋은 길로 인도하소서.'

격려와 기도를 아끼지 않으면서……:

아무리 사교육이 성행하고 재능을 가진 선생님들이 이름을 떨치는 세상이라지만 아이의 꿈 하나하나를 소중히 담아 한껏 펼칠 수 있게 해 주는 분은 변함없이 엄마입니다.

기탄 교재는 이미 200만 명이 넘는 어린이가 사용하며 그 우수성을 입증해 보인 바 있습니다.

특히 〈기탄국어〉는 한글과 국어의 기초가 되는 어휘력, 독해력, 논술력을 키우는 데 좋은 교재라는 평가를 받으며 오랜 기간 동안 사랑받아 왔습니다.

그리고 국내 최초로 주별로 한 권씩 교재가 분리되는 4in1 체제를 도입한 〈새기탄국어〉는 변화하는 초등학교 교육 과정에 맞추어 '듣기·말하기, 읽기, 문법, 쓰기' 등 국어의 전 교과를 영역별로 균형 있게 학습하여 성취도를 극대화할 수 있는 교재로 자리매김해 왔습니다.

이러한 토대 위에서 이번에 새롭게 선보이는 〈기탄국어〉는 새 시대, 새 감각에 맞추어 내용을 보강하고 디자인을 고품격화하여 체계적인 프로그램으로 엄마 선생님과 어린이들을 찾아뵙게 되었습니다.

기탄은 대한민국의 모든 어린이가 공부의 기초를 탄탄히 다져서 당당하고 멋진 사회인으로 성장할 수 있도록 가장 좋은 교재로 가장 좋은 선생님, 엄마 선생님께 보답하겠습니다.

참 좋은 교재
기탄국어

한글은 최초로 배우는 모국어이자 학습의 시작입니다. 따라서 한글을 배우는 것은 물이 흘러가듯, 나무가 자라듯 자연스럽고 즐거워야 합니다.

〈기탄국어〉는 한글을 놀이처럼 쉽고 재미있고 즐겁게 시작할 수 있도록 도와주며, 국어 기초 실력을 탄탄하게 해 주는 개인별·능력별 학습 프로그램입니다.

총 10단계 50집으로 엮인 〈기탄국어〉는 한글과 국어의 기초를 학습하는 A~D단계 교재와 초등학교 과정에 해당하는 E~J단계 교재로 나누어져 있습니다.

기탄국어가 좋은 이유는…

● **개인의 학습 능력에 맞춘 학습으로 기초가 탄탄!**
교과서 위주의 기본 개념을 묻는 학습 방법에서 탈피하여, 한글과 국어 학습의 기본 원리를 기본으로 하면서도 학습자의 능력에 맞추어 국어 사용 능력이 골고루 향상되도록 편성했습니다.

● **다양한 글감을 통해 어휘력, 독해력이 쑥쑥!**
교과서에서 다루는 지문 이외의 다양한 글감을 수록하여 독해력을 향상시키고 어휘력을 증강시켜, 다양한 글에 대한 감각과 어떤 문제가 나오더라도 쉽게 풀 수 있는 자신감을 키워 줍니다.

● **균형 있는 학습으로 실력이 튼튼!**
읽기 학습뿐만 아니라 다양한 방법으로 말하고, 국어의 기본 원리를 정확하게 알고 논리적으로 표현하는 쓰기 학습에 이르기까지 균형적인 국어 학습이 될 수 있도록 도와줍니다.

● **다양한 창의력 문제를 통해 창의력이 반짝!**
문제의 상황에서 머무르는 것이 아니라 다른 상황이나 개인의 생활에 적용할 수 있는 창의력 문제를 수록하여 창의적이고 독특한 발상을 할 수 있도록 했습니다.

● **체계적 서술형 문제로 글쓰기, 논술이 술술!**
단순한 주관식 문제에서 벗어나 줄거리 요약하기, 상상하여 이어 쓰기 등 논술의 기본이 되는 문장 표현력을 향상시켜 주며, 체계적 문제 해결 과정을 통한 논리적인 글쓰기가 가능하도록 구성했습니다.

● **매일매일 학습을 통해 자신감이 불끈!**
매일 일정 분량의 학습을 유도하기 때문에 규칙적이고 체계적인 국어 지식을 쌓을 수 있어 자신감을 갖고 공부할 수 있습니다.

단계	대상	구분	주요 학습 내용	학습 목표
A단계	유아	1집	자·모음 모양 익히기	**한글과정** • 한글의 자·모음 쓰기와 낱말 학습을 통해 낱말을 익히고 어휘력을 신장한다. • 동화 읽기와 간단한 문장 쓰기 등을 통해 독해력의 기초를 완성한다. • 초등학교 입학을 위한 준비를 완벽하게 할 수 있도록 구성한다.
A단계	유아	2집	자·모음 낱자 익히기	
A단계	유아	3집	낱글자(가~후) 익히기	
A단계	유아	4집	낱글자(그~헤) 익히기	
A단계	유아	5집	주제(그림)에 맞는 낱말 익히기	
B단계	유아	1집	받침(ㄱ~ㅁ)이 있는 낱말 익히기	
B단계	유아	2집	받침(ㅂ~ㅎ)이 있는 낱말 익히기	
B단계	유아	3집	이중 모음(ㅑ~ㅢ) 익히기	
B단계	유아	4집	된소리(ㄲ, ㄸ, ㅃ, ㅆ, ㅉ) 익히기	
B단계	유아	5집	주제에 따른 낱말 배우기	
C단계	유아, 초1	1집	대상의 알맞은 이름 배우기	
C단계	유아, 초1	2집	서술어를 통한 반대되는 말 배우기	
C단계	유아, 초1	3집	소리, 모양을 흉내 내는 말 배우기	
C단계	유아, 초1	4집	문장의 구조 배우기	
C단계	유아, 초1	5집	쌍받침, 겹받침이 있는 낱말 익히기	
D단계	유아, 초1	1집	대상의 이름과 인사말 배우기	
D단계	유아, 초1	2집	서술어, 문장의 순서 익히기	
D단계	유아, 초1	3집	위치, 단위를 나타내는 말 익히기	
D단계	유아, 초1	4집	꾸며 주는 말, 소리와 모양을 흉내 내는 말 익히기	
D단계	유아, 초1	5집	여러 문장 성분을 이용해 문장 만들기	
E단계	초1, 2	1집	다양한 글감을 통해 어휘력, 창의력을 키우는 과정	**국어과정** • 다양한 글감을 통해 어휘력, 독해력을 신장시킨다. • 듣기, 말하기, 읽기, 쓰기, 문법 등 다양한 영역을 통해 균형적인 학습을 한다. • 창의력, 서술형 문제 등으로 글쓰기, 논술 능력을 향상시킨다.
E단계	초1, 2	2집		
E단계	초1, 2	3집		
E단계	초1, 2	4집		
E단계	초1, 2	5집		
F단계	초2, 3	1집	다양한 지문을 통해 이해력, 독해력을 향상시키고 기초 글쓰기를 훈련하는 과정	
F단계	초2, 3	2집		
F단계	초2, 3	3집		
F단계	초2, 3	4집		
F단계	초2, 3	5집		
G단계	초3, 4	1집	독해력과 상상력을 바탕으로 논리적 글쓰기의 기초를 다지는 과정	
G단계	초3, 4	2집		
G단계	초3, 4	3집		
G단계	초3, 4	4집		
G단계	초3, 4	5집		
H단계	초4, 5	1집	표현력 신장과 논리적인 언어 구사 훈련을 통해 논리적 사고력을 쌓는 과정	
H단계	초4, 5	2집		
H단계	초4, 5	3집		
H단계	초4, 5	4집		
H단계	초4, 5	5집		
I단계	초5, 6	1집	다양한 한자 어휘를 효과적으로 문장에 적용하는 논술 실전 글쓰기 과정	
I단계	초5, 6	2집		
I단계	초5, 6	3집		
I단계	초5, 6	4집		
I단계	초5, 6	5집		
J단계	초6, 중1	1집	배경지식을 확장하고 고급 어휘를 구사하는 능력을 키워 중학 국어에 대비할 수 있는 과정	
J단계	초6, 중1	2집		
J단계	초6, 중1	3집		
J단계	초6, 중1	4집		
J단계	초6, 중1	5집		

엄마 선생님, 이렇게 지도해 주세요!

Tip 1 어린이의 능력에 맞추어 자신 있게 풀 수 있는 단계부터 시작하세요!

〈기탄국어〉는 한글 학습과 초등 국어 교과서를 총망라하여 어린이 개인의 능력에 따라 선택하여 목표에 도달할 수 있도록 편성된 교재입니다. 어린이의 능력을 고려하지 않고 어려운 단계부터 시작한다면 학습에 흥미를 잃어버릴 수 있으니 자신 있게 풀 수 있는 쉬운 단계부터 시작하여 조금씩 단계를 높여 진행해 주세요.

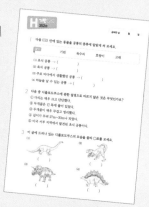

Tip 2 매일 정해진 분량만큼 자녀가 학습할 수 있도록 유도하세요!

〈기탄국어〉는 매일 일정한 시간에 규칙적으로 풀면 학습 효과를 극대화할 수 있습니다. 매일 정해진 학습량에 따라 어린이가 스스로 학습할 수 있도록 진행시켜 주세요. 학습 계획을 세우지 않고 두꺼운 교재를 그냥 풀게 하면 어린이들의 학습 의욕이 저하될 수 있으므로 정해진 분량을 공부하게 한 후 성취감을 맛볼 수 있도록 유도해 주세요.

Tip 3 공부하는 어린이 곁에서 응원해 주세요!

좋아하는 사람과 맛있는 음식을 먹듯 공부를 맛있게 하면 좋겠지만, 아무리 훌륭한 교재라도 공부를 즐기며 한다는 것은 쉽지 않은 일이지요. 어린이가 학습하고 있는 곳에서 멀지 않은 곳에 엄마가 함께한다는 것은 어린이에게는 큰 힘이 될 수 있습니다.

Tip 4 어린이의 답안을 주의 깊게 살펴보며 칭찬해 주세요!

어린이가 교재를 다 풀면 채점을 하면서 반복적으로 틀린 문제를 살펴보고, 다음에 유사한 문제를 풀 때에 같은 실수를 반복하지 않도록 지도해 주세요. 채점은 색연필로 정성 들여 해 주시고 결과에 상관없이 열심히 공부한 어린이의 마음을 헤아려 칭찬과 격려로 자신감을 심어 주세요.

국어 과목의 특성

- 국어 과목은 기초 실력과 배경지식의 의존도가 높아서 단기간에 성적이 오르는 것을 기대하는 것은 무리입니다.
- 학습의 범위가 넓어 다른 과목의 성적에도 큰 영향을 미칩니다.
- 종합적인 언어 능력과 국어 성적은 별개일 수 있습니다. 그러나 초등학교의 시험이 다양한 유형으로 전환되면서 언어 능력이 성적과 연결될 확률이 높아지고 있습니다.
- 일반적으로 국어는 쉬운 과목이라는 오해를 하시는 학부모님들이 많습니다. 그러나 학년이 올라갈수록 학습에 부족한 부분이 누적되어 나타나기 쉬운 과목이 국어입니다.
- 국어 학습은 사고력 향상, 정서·인격 함양 등의 무형적인 성장까지 도와줍니다.

양식별 특징과 지도 포인트

교재 매 단원 첫머리의 지문 위에 생활문, 동시 등으로 글의 양식(종류)을 명시해 놓았습니다. 자녀들 지도 시 양식에 대한 문제가 나왔을 때 당혹해하시는 학부모님 들을 위한 표시입니다. 실상 글의 양식에 대한 판단은 그리 쉬운 문제가 아닙니다. 이에 본란에서는 양식에 대한 설명을 자세하게 수록하여, 자녀들 지도에 참고하시 도록 하였으니, 학습에 들어가기 전에 꼭 한 번 이상은 읽어 주시기 바랍니다.

동요

어린이의 마음을 나타낸 어린이들의 노래를 동요라고 하며, 동시에 곡을 붙여 부르기도 합니다.
→ 자연스럽게 노래를 익혀서 가급적 가사를 모두 기억할 수 있도록 지도합니다.

동시

어린이를 위한 시로, 평소 생활하면서 느낀 마음의 움직임을 리듬이 있는 언어로 짧게 표현한 글입니다.
→ 동시의 글감을 찾을 수 있도록 학습하며, 재미있는 말이나 효과적인 표현 찾아보기, 알맞게 끊어 읽기, 리듬을 살려 읽기, 동시의 느낌 말하기 등의 학습이 이루어지도록 합니다. 동시에 나오는 흉내 내는 말 등을 바꿔 새로운 동시를 만들어 보게 하는 것도 창의력과 리듬감을 키우는 좋은 학습 방법입니다.

동화

어린이를 대상으로 만들어진 재미있고 유익한 이야기로, 꿈과 희망, 상상력을 키워 주면서 교훈적인 내용을 담고 있는 글입니다.
→ 사건의 배경과 인물의 성격 등을 파악하고, 줄거리를 간추려 이야기하는 훈련을 통하여 논리적인 말하기 학습이 이루어지도록 지도합니다. 동화의 뒷부분이나 중간 부분을 새롭게 다시 꾸며 보는 연습을 통해서 창의력을 키울 수 있도록 지도합니다.

생활문

일상생활에서 보고, 듣고, 경험하고, 느낀 것을 글로 나타낸 것입니다.
→ 누가, 언제, 어디서, 무슨 일을 하였는지를 알게 합니다. 또한 생활문은 모든 글의 기본이 되는 양식인 만큼 낱말이나 문장 구조를 알게 하는 것도 매우 중요한 학습 지도의 요소입니다.

편지

멀리 있는 사람에게나, 또는 말로 전하기 힘든 자신의 생각을 글로 써서 보내는 글입니다.
→ 편지의 형식을 생각하며 글을 읽고, 그 내용을 이해하는 데 중점을 두어 지도합니다.

일기

하루 동안에 있었던 일이나, 보고, 듣고, 생각하고, 느낀 것을 거짓 없이 기록해 놓은 글입니다. 일기를 쓸 때는 하나의 글감과 느낌이 들어간 글이 되도록 지도합니다.

→ '오늘은'이나 '나는'이라는 말은 꼭 필요한 부분에만 사용하고, 사소한 것이라도 생활 주변에서 소재를 찾아 느낌과 대화 글을 넣어 표현하도록 지도합니다.

설명문

어떤 문제나 사물을 상대방이 알기 쉽도록 풀어 쓴 글입니다.

→ 설명문의 내용을 읽고 내용 간추려 말하기, 낱말의 뜻 알기와 문단을 구분할 수 있도록 지도합니다. 또한 주위의 사물을 이용하여 직접 설명해 보고 설명한 것을 다시 글로 옮겨 봄으로써 논리적인 글쓰기가 이루어지도록 지도합니다.

논설문

어떤 일이나 문제에 대하여 자기의 의견이나 생각 등을 정확한 사실에 근거를 두고 논리적으로 주장하는 글입니다.

→ 문단의 중심 내용과 이를 뒷받침하는 내용을 찾아보도록 하고, 글 속에서 사실, 의견, 상상, 느낌 등의 표현을 구분할 수 있도록 지도합니다.

기행문

여행을 하면서 보고, 듣고, 겪은 일에 자기의 생각이나 느낌을 섞어 적은 글입니다.

→ 누가, 언제, 어느 곳을 여행하고 쓴 글인지, 글쓴이가 보고, 듣고, 느낀 것이 무엇인지 알아보고, 글쓴이가 여행한 곳을 통해 무엇을 알게 되었는지 알아보며 글을 읽도록 지도합니다.

전기문

실제로 존재했던 어떤 인물(영웅, 성인, 학자, 정치가, 예술가 등)에 대하여 일화나 업적을 사실대로 기록하고 그 인물에 대한 평가를 덧붙인 글입니다.

→ 인물의 행동이나 성격에 대해 알아보고, 주인공의 주요 업적 및 배울 점을 생각해 보며 글을 읽도록 지도합니다.

극본

연극을 꾸미기 위해서 쓴 글로 해설, 지문(바탕글), 대사로 구성되어 있습니다.

→ 이야기의 배경이 되는 때, 곳, 등장인물에 대해 알고, 사건이 어떻게 전개되는지 살피면서 글을 읽도록 지도합니다.

기탄국어

학습 관리표

	1일	2일	3일	4일	5일	이번 주는?
금주평가	Ⓐ 아주 잘함	Ⓐ 아주 잘함	Ⓐ 아주 잘함	Ⓐ 아주 잘함	Ⓐ 아주 잘함	• 학습 방법 ❶ 매일매일 ❷ 가끔 ❸ 한꺼번에 하였습니다.
	Ⓑ 살함	Ⓑ 살함	Ⓑ 살함	Ⓑ 잘함	Ⓑ 질함	• 학습 태도 ❶ 스스로 질 ❷ 시커서 익지도 하였습니다.
	Ⓒ 보통	Ⓒ 보통	Ⓒ 보통	Ⓒ 보통	Ⓒ 보통	• 학습 흥미 ❶ 재미있게 ❷ 싫증 내며 하였습니다.
	Ⓓ 부족함	Ⓓ 부족함	Ⓓ 부족함	Ⓓ 부족함	Ⓓ 부족함	• 교재 내용 ❶ 적합하다고 ❷ 어렵다고 ❸ 쉽다고 하였습니다.

지도 교사가 부모님께	부모님이 지도 교사께

종합 평가 Ⓐ 아주 잘함   Ⓑ 잘함   Ⓒ 보통   Ⓓ 노력해야 함

원
교   반   이름

기초부터 탄탄하게 기탄교육

학습 내용

H단계 1a- 20b

	교재번호	내용	분류
1일	1a~5a	• 꽃밭 • 달고나 만들기 Ⅰ	동시 생활문
2일	5b~9a	• 달고나 만들기 Ⅱ • 옹고집전 Ⅰ	생활문 전래 동화
3일	9b~13a	• 옹고집전 Ⅱ	전래 동화
4일	13b~17a	• 옹고집전 Ⅲ	전래 동화
5일	17b~20b	• 꾸며 주는 낱말 • 뜻이 반대되는 낱말 • 부사어의 호응	논술 기초 문법 문법

◎ 다음 동시를 읽고 물음에 답해 보세요.

동시

꽃밭

꼭 다문 꽃망울이
하나씩 둘씩
깨어납니다.

하양 옷, 노랑 옷, 빨강 옷
고운 옷입니다.

호랑나비 훨훨
꿀벌 친구 붕붕
꽃밭은 아침부터 술렁입니다.

꽃밭이 좋다고
㉠저녁까지 이야기 소리

꽃송이 예쁜 얼굴을
쓰다듬어 줍니다.

📖 **짜임**: 5연 12행
중심 글감: 꽃밭
중심 생각: 꽃밭을 좋아하는 벌과 나비들

1 이 동시의 중심 글감을 무엇인가요?

_____

2 이 동시에 나타난 꽃의 색깔들을 모두 써 보세요.

_____

3 ㉠은 누구의 이야기 소리인지 모두 골라 보세요.
① 꿀벌   ② 개미   ③ 달님   ④ 햇님   ⑤ 호랑나비

4 이 동시의 중심 생각은 무엇인가요?
① 호랑나비와 꿀벌의 우정
② 꽃밭을 좋아하는 벌과 나비들
③ 꽃밭을 망쳐 놓은 벌과 나비들
④ 꽃밭을 떠나는 것을 슬퍼하는 나비들
⑤ 꿈을 찾는 호랑나비와 꿀벌의 힘든 하루

5 이 동시는 어떤 짜임으로 되어 있나요?
① 1연 5행   ② 5연 12행   ③ 12연 5행
④ 5연 13행   ⑤ 4연 12행

6 이 동시의 배경이 되는 곳은 어디인가요?
① 교실   ② 꽃밭   ③ 꽃병   ④ 꽃 가게   ⑤ 꽃 이불

7 빈 곳에 들어갈 알맞은 낱말이 순서대로 묶인 것은 무엇인가요?

> 호랑나비 ☐☐
> 꿀벌 친구 ☐☐
> 꽃밭은 아침부터 술렁입니다.

① 짹짹, 멍멍   ② 씽씽, 야옹   ③ 훨훨, 붕붕
④ 빙빙, 찍찍   ⑤ 어흥, 팔짝

8 다음 낱말을 국어사전에서 찾아 뜻을 써 보세요.

(1) 꽃망울: _____

(2) 꽃송이: _____

9 이 동시에 나타나는 시간은 언제부터 언제까지인가요?

① 봄부터 겨울까지   ② 저녁부터 새벽까지
③ 아침부터 저녁까지   ④ 여름부터 겨울까지
⑤ 새벽부터 아침까지

심화 학습

10 봄과 관련된 보기의 글감들을 비슷한 것끼리 묶어 보세요.

> 보기   개나리   봄비   진달래   아지랑이   철쭉   꿀벌   호랑나비   제비

(1) 봄에 피어나는 꽃: _____

(2) 봄에 볼 수 있는 현상: _____

(3) 봄에 볼 수 있는 동물: _____

● 다음 글을 읽고 물음에 답해 보세요.

달고나 만들기 ❶

학교에서 간식 만들기 실습을 했다. 우리 모둠은 달고나를 만들기로 했다. 사 먹거나 부모님께서 만들어 주신 달고나만 먹다가 직접 만든다고 하니까 마음이 설레었다.

'잘 만들어져야 할 텐데㉠…….'

키가 큰 예나는 달고나를 망칠까 봐 조마조마해했다. 옆 모둠은 핫케이크를 만들기로 정했고, 또 다른 모둠 친구들은 식빵 피자를 만들기로 했다.

우리는 요리 도구 상자 속에서 쿠키를 만들 때 사용하는 모양 틀을 꺼내 왔다. 모양 틀은 달고나를 철판에 평평하게 펴 놓은 뒤에 자기가 원하는 모양을 찍어 낼 때 사용하는 것이다. 나는 그중에서 별, 하트, 크리스마스 트리 모양의 틀을 골라 왔고, 내 짝 소윤이는 달팽이, 바나나 모양을 골랐다. 달고나를 만들기 위한 준비물은 가스레인지, 철판, 국자, 접시, 설탕, 소다, 버터, 모양 틀이었다.

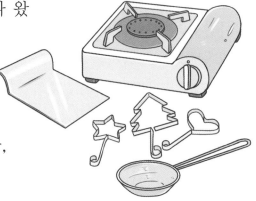

㉠에 들어갈 알맞은 말을 생각해 보고 써 보세요.

2   이 글의 글감은 무엇인가요?
　　① 핫케이크를 사 먹은 일
　　② 가족과 체험 학습을 한 일
　　③ 학교에서 간식 만들기를 한 일
　　④ 길에서 달고나 만드는 것을 본 일
　　⑤ 선생님께서 간식을 만들어 주신 일

3   달고나를 만들 때 필요한 준비물이 아닌 것은 무엇인가요?
　　① 국자　　　　　② 식빵　　　　　③ 설탕
　　④ 모양 틀　　　　⑤ 가스레인지

4   학교에서 간식 만들기 실습으로 어떠한 것들을 만들었는지 써 보세요.
_____

5   이 글의 내용으로 보아 글쓴이의 기분은 어떠할까요?
　　① 무섭다.　　　　② 설렌다.　　　　③ 슬프다.
　　④ 귀찮다.　　　　⑤ 화가 난다.

6   모양 틀은 어떤 역할을 하는 요리 도구인가요?
_____

7   글쓴이가 골라 온 모양 틀의 모양을 모두 찾아 써 보세요.
_____

◉ 다음 글을 읽고 물음에 답해 보세요.

달고나 만들기 ❷

선생님께서 각 모둠이 맡은 간식들을 만들 때 주의해야 할 점을 칠판에 적어 주셨다.

우리 모둠이 주의할 점은 '1. 불조심 2. 국자 온도 조절하기 3. 소다 조금 넣기' 이렇게 세 가지였다.

잘난 척하기를 좋아하는 지유는 자기가 달고나를 제일 잘 만든다며 ㉠거드름을 피웠다. 그러면서 제일 먼저 달고나를 만들기 시작했다. 지유가 가스레인지 불을 확 키우자 선생님께서 지나가시다가 ㉡주의를 주셨다.

"불조심해야지."

지유는 그 말을 듣고 얼굴이 빨개져 얼른 불을 다시 작게 했다.

"내가 아빠께서 달고나 만드시는 걸 많이 봤거든."

지유는 이번에는 정말 잘 만드는 것 같았다.

㉢달고나는 국자에 설탕을 넣어 불 위에서 계속 젓다가 설탕이 녹으면 소다를 넣고 저어서 부풀어 오르게 한 다음, 판에 부어 놓고 모양 틀로 모양을 찍어 내어 만든다.

지유가 소다를 넣으려고 하는데 선생님께서 다가오셨다.

"얘들아, 철판에 버터는 발랐니?"

"아니요. 철판에 버터를 발라야 되나요?"

"그래. 그래야 달고나를 부어서 굳었을 때 잘 떨어지지. 버터는 기름 역할을 해서 달고나가 철판에 달라붙지 않게 해 준단다."

1 선생님께서 칠판에 적어 주신 우리 조가 지켜야 할 점 세 가지를 찾아 써 보세요.

_____

2 ㉠'거드름'의 뜻을 국어사전에서 찾아보고, 쓰임이 올바른 문장에 ○를 하세요.
   (1) 지붕 아래 거드름이 많이 맺혀 있었다. (   )
   (2) 심술궂은 놀부는 거드름을 피우는 사람이었다. (   )

3 ㉡처럼 선생님께서 지유에게 주의를 준 까닭은 무엇인가요?
   ① 지유가 잘난 체를 해서   ② 지유가 불을 확 키워서
   ③ 지유가 거드름을 피워서   ④ 지유가 너무 시끄럽게 굴어서
   ⑤ 지유가 질서를 지키지 않아서

4 ㉢은 무엇에 관한 설명인가요?
   ① 달고나의 유래   ② 달고나를 만드는 과정
   ③ 달고나가 맛있는 이유   ④ 달고나를 좋아하는 이유
   ⑤ 달고나를 만들기로 한 까닭

5 철판에 버터를 발라야 하는 까닭은 무엇인가요?
   ① 달고나를 부드럽게 하려고
   ② 달고나를 크게 부풀게 하려고
   ③ 달고나가 철판에 붙지 않게 하려고
   ④ 달고나의 쓴맛을 없애고 달게 하려고
   ⑤ 달고나를 여러 가지 모양으로 만들려고

◉ 다음 글을 읽고 물음에 답해 보세요.

> ### 달고나 만들기 ❸
>
> 선생님께서는 버터를 철판에 발라 주셨다. 하마터면 달고나가 철판에 딱 달라붙어 망칠 뻔했는데 정말 다행이었다.
>
> 지유는 달고나를 판에 붓고 토끼 모양의 틀로 찍었다. 정말 색깔도 캐러멜색이고 사 먹었던 달고나와 똑같았다.
>
> 예나가 달고나를 만들고 있을 때 지유는 "도와주기 없기." 하며 뛰어다녔다.
>
> 지유가 만들 때는 쉬워 보였는데, 막상 내 차례가 되어 만들어 보니 어려웠다. 그리고 지유보다 잘 만들어야겠다는 긴장감 때문에 더 떨렸다. 국자가 무척 뜨거워서 조심해야 했다.

위 글로 보아 달고나의 색깔은 무엇인가요?

_____

2 글쓴이가 달고나를 만들면서 더욱 떨린 까닭은 무엇인가요?
① 친구들이 응원을 해서
② 선생님께서 지켜보고 계셔서
③ 달고나 만드는 방법이 잘 생각나지 않아서
④ 지유보다 잘 만들어야겠다는 욕심과 긴장감 때문에
⑤ 다른 모둠 친구들은 벌써 다 만들었다는 소리에 급해져서

● 다음 글을 읽고 물음에 답해 보세요.

> ### 달고나 만들기 ④
>
> 　지유는 벌써 자기가 만든 달고나를 떼어서 먹기 시작했다. 그런데 토끼 모양이 너무 어려워서 귀가 그만 똑 하고 부러져 버렸다. 예나는 별 모양의 달고나를 만들었는데 아주 조심스럽게 모양을 만들어 가며 떼어 먹었다. 드디어 예나가 만든 달고나는 별 모양이 되었다. 부럽고 신기했다. 내가 만든 달고나도 캐러멜색으로 잘 만들어진 것 같았다.
>
> 　선생님께서 내가 철판에 부어 놓은 달고나에 꽃 모양의 틀을 찍으셨다. 그리고 나는 하트 모양의 틀을 찍었다. 너무 잘 만들어져서 먹기가 아까웠다. 내가 만든 것을 드셔 본 선생님께서 맛있다고 칭찬해 주셨다. 선생님께서 칭찬해 주셔서 어깨가 으쓱해졌다.

1 　친구들과 선생님이 만든 달고나의 모양이 <u>아닌</u> 것은 무엇인가요?
　① 별 모양　　　　② 책 모양　　　　③ 꽃 모양
　④ 토끼 모양　　　⑤ 하트 모양

2 　다음 중 간식 만들기 시간에 느낀 점이 <u>아닌</u> 것은 무엇인가요?
　① 예나가 무척 부러웠다.
　② 선생님께서 칭찬해 주셨다.
　③ 지유가 만들 때는 쉬워 보였다.
　④ 선생님께 칭찬을 듣고 기분이 좋아졌다.
　⑤ 철판에 버터를 발라서 달고나가 달라붙지 않아 정말 다행이었다.

◉ 다음 글을 읽고 물음에 답해 보세요.

달고나 만들기 ⑤

우리는 달고나를 서른 개나 만들어서 반 친구들에게 하나씩 나누어 주었다. 다른 모둠 친구들도 핫케이크와 식빵 피자를 많이 만들어서 모두 함께 나누어 먹었다. ㉠모두 굉장히 맛있었다. 집에서 부모님께서 만들어 주시는 것보다는 덜 맛있었지만 가게에서 파는 것보다는 훨씬 맛있었다. 우리 반 친구들은 모두들 요리사인 것 같다.

나는 집에 가서 동생과 엄마, 아빠께도 ㉡드리려고 남은 설탕으로 별 모양, 하트 모양, 크리스마스 트리 모양의 달고나를 더 만들어서 가방에 넣었다.

친구들이 그냥 나눠 먹자고 했지만 집에 가서 가족들에게 자랑을 하고 싶어서 꾹 참았다.

오늘 간식 만들기 시간은 정말 즐겁고 재미있었다. 다음 주에는 또 무엇을 만들지 정말 기대가 되었다.

1 글쓴이가 더 만든 달고나를 집에 가져가려고 한 까닭은 무엇인가요?

2 이 글의 내용과 다른 것은 무엇인가요?
① 글쓴이의 모둠은 달고나를 만들었다.
② 글쓴이가 만든 달고나도 맛이 있었다.
③ 달고나를 만들 때에는 불조심을 해야 한다.
④ 부모님께서 만들어 주신 간식보다 더 맛있었다.
⑤ 달고나를 서른 개나 만들어 친구들과 나누어 먹었다.

3 ㉠은 무엇을 뜻하는지 이 글에서 찾아 써 보세요.

4 ㉡의 뜻을 국어사전에서 찾으려면 어떤 형태로 찾아야 하나요?
① 들다   ② 들리다   ③ 드리다
④ 드리려고   ⑤ 드리려 하다

5 다음 빈칸에 알맞은 낱말을 이 글에서 찾아 써넣으세요.

> • 집에서 (   )께서 만들어 주시는 것보다는 덜 맛있었지만
> (   )에서 파는 것보다는 훨씬 맛있었다.

심화 학습
6 여러분이 혼자 만들 수 있는 간식에는 어떤 것이 있는지 써 보세요.

다음 글을 읽고 물음에 답해 보세요.

전래 동화

옹고집전 ❶

㉠옛날 옹진골 옹당촌이라는 곳에 아주 고집이 센 옹고집이라는 영감이 살았습니다.

옹고집은 고집도 세지만 다른 사람을 도와주는 일이 없어서 구두쇠 영감이라고도 불렸습니다.

옹고집 영감은 마을에서 제일 큰 부자였지만 여든이 넘은 어머니를 불도 때지 않은 차디찬 방에서 주무시게 했습니다. 심지어 어머니가 아프실 때도 약 한 첩 달여 드리지 않았습니다. 옹고집의 어머니는 서럽게 우셨습니다.

그러자 옹고집은 못마땅한 표정으로 말했습니다.

"어머니, 그동안 식사도 거르지 않고 잘 모셨잖아요. 여든 살이 되도록 그렇게 모셨으면 됐지, 어떻게 더 잘하길 바라세요?"

하며 옹고집은 어머니께 ㉡심통을 부리기 일쑤였습니다.

옹고집은 마을 사람들과 근처 절의 스님들에게도 똑같이 못되게 굴었습니다. 마을 사람들이 먹을 것이 없어 찾아와도 몰매를 쳐서 쫓아내고, 스님들이 시주를 오면 재수가 없다며 소금을 뿌렸습니다. 옹고집은 스님들이 일은 하지 않고 먹을 것을 거저 얻어 가려고 한다며 스님들을 ㉢괄시했습니다.

 심통: 나쁜 마음을 쓰는 일.
괄시: 업신여김.

1 이 글의 ㉠을 다음에 맞게 나누어 써 보세요.

(1) 언제: _____

(2) 어느 곳에: _____

(3) 누가 살았나: _____

2 옹고집이 구두쇠 영감으로 불린 까닭은 무엇인가요?

① 가난하게 살아서

② 남을 도와주지 않아서

③ 일을 너무 열심히 해서

④ 무엇이든 공짜로 나눠 주어서

⑤ 마을 사람들을 잘 도와주어서

3 다음 보기와 같이 낱말의 뜻을 써 보세요.

> 보기   정성껏 → 정성을 다해서.

(1) 욕심껏 → _____

(2) 힘껏 → _____

4 ㉡ '심통'과 ㉢ '괄시'를 넣어 짧은 글을 지어 보세요.

(1) 심통: _____

_____

(2) 괄시: _____

_____

● 다음 글을 읽고 물음에 답해 보세요.

옹고집전 ❷

어느 날 월출봉 취암사라는 절에 사는 스님이 친구인 무학 대사를 불렀습니다. 그 스님은 도술이 워낙 뛰어나 귀신도 부릴 정도였고, 무학 대사는 학문과 덕이 높아 많은 사람들로부터 존경받고 있었습니다.

스님이 무학 대사에게 물었습니다.

"여보게, 옹진골의 옹고집이란 사람이 중들을 아주 못살게 군다는데 들어 보았는가?"

"그렇다는군. 나도 옹고집이란 사람을 한번 만나 보고 싶네 그려."

그렇지 않아도 옹고집 때문에 늘 마음이 불편했던 무학 대사는 도술을 하는 스님의 말을 듣고는 마을로 내려가 옹고집을 만나 보기로 했습니다.

무학 대사는 목에 염주를 걸고, 여기저기 ㉠해지고 기운 도포를 입고 허름한 삿갓을 쓰고 초라한 모습으로 마을로 내려왔습니다.

그리고 옹고집의 집을 찾아갔습니다.

"똑, 똑, 똑, 똑……. 나무 관세음보살. 부처님을 받들어 시주를 하면 큰 복을 받을 겁니다."

┃ ㉠과 바꾸어 쓸 수 없는 낱말은 무엇인가요?

① 닳고   ② 해어지고   ③ 찢어지고

④ 해가 지고   ⑤ 구멍이 나고

◯ 다음 글을 읽고 물음에 답해 보세요.

옹고집전 ❸

무학 대사는 옹고집의 집 앞에서 목탁을 두드리며 말했습니다. 목탁 소리에 깜짝 놀란 한 하인이 부리나케 달려 나왔습니다.

"아이고, 스님. ㉠우리 주인이 아시면 큰 봉변을 당하십니다요. 그러니 ㉡주인이 아시기 전에 어서 다른 곳으로 가십시오."

그러나 무학 대사는 여전히 염불만 외고 있었습니다.

"아휴, 스님. 이러다 정말 큰일 나신다니까요. 어서 돌아가세요."

하인이 불안해서 안절부절못하고 있을 때 옹고집은 시끄러운 소리에 잠에서 깨었습니다.

"왜 이렇게 시끄러운 거야?"

그러자 하인은 깜짝 놀라 부들부들 떨며 옹고집에게 고했습니다.

🔍 **봉변**: 뜻밖에 망신스러운 일을 당함. 또는 그 일.

1 ㉠은 누구를 가리키나요?

_____

2 하인이 ㉡처럼 말한 까닭은 무엇인가요?

_____

● 다음 글을 읽고 물음에 답해 보세요.

옹고집전 ④

"저, 한 스님이 시주를 받으러 오셨습니다요."

"뭐라고? 어떤 간 큰 중이 우리 집에 시주를 받으러 온 게야?"

옹고집은 마당을 쓸던 하인 손에서 ㉠빗자루를 빼앗아 스님을 때릴 기세로 문 앞으로 달려갔습니다.

"나도 먹고살기 힘든데 뭘 달라는 거야? 어서 썩 꺼지지 못해?"

"시주님, 법당이 오래되어 지붕에서 비가 새서 지붕을 좀 고치려고 합니다. 시주를 좀 해 주시면 소승이 부처님께 시주를 올리겠습니다. 그러면 모든 소원이 이루어질 것입니다."

"소원이 이루어진다고? 정말 우습구나. 말도 안 되는 소리 집어치우고 썩 꺼져 버려라."

"시주님, 그러지 말고 조금이라도 시주를 하시죠."

"네놈이 정 그렇게 바란다면 기다려라."

옹고집은 커다란 바가지에 오물을 담아 와 스님의 시주 자루에 퍼부었습니다.

🔍 **시주**: 스님이나 절에 물건을 베풀어 주는 사람이나 베푸는 일.

1 옹고집은 무학 대사를 어떻게 대했나요?

① 밥을 대접했다.   ② 마당을 쓸라고 시켰다.

③ 쌀을 자루에 가득 담아 주었다.   ④ 시주 자루에 오물을 퍼부었다.

⑤ 무학 대사의 빗자루를 빼앗았다.

2 무학 대사가 스님임을 알 수 있는 낱말이 <u>아닌</u> 것은 무엇인가요?

① 염주   ② 봉변   ③ 목탁   ④ 시주   ⑤ 법당

3 다음 빈칸에 알맞은 낱말을 이 글에서 찾아 써넣으세요.

> • 옹고집은 (   )을 쓸던 하인 손에서 (   )를 빼앗아
>
> (   )을 때릴 기세로 문 앞으로 달려갔습니다.

4 옹고집이 ㉠과 같이 행동한 까닭은 무엇일까요?

① 가짜 스님이어서   ② 스님이 버릇이 없어서

③ 스님이 마당을 어지럽혀서   ④ 스님이 빗자루를 훔치려 해서

⑤ 시주를 하러 온 스님이 못마땅해서

5 '시주'의 뜻을 국어사전에서 찾아 쓰고, 그 뜻이 잘 드러나도록 짧은 글을 지어

보세요.

(1) 시주: _____

(2) 짧은 글: _____

● 다음 글을 읽고 물음에 답해 보세요.

옹고집전 ❺

ⓐ오물로 시주 자루에 있던 양식이 더러워졌지만 무학 대사는 아주 태연한 표정으로 옹고집을 바라보았습니다.

그러자 옹고집은 ⓑ이 중은 지금까지 왔던 ⓒ중들과는 어딘가 조금 다르다고 생각했습니다.

"ⓓ네가 그래도 나에게 시주를 바란다면 어디 내 관상이나 한번 봐 보아라."

ⓔ무학 대사는 옹고집의 얼굴을 조용히 바라보았습니다. 그러더니 아주 무표정한 얼굴로 말을 하기 시작했습니다.

"시주님은 눈썹 털이 적으니 자손이 귀하고, 얼굴이 좁으니 남의 말을 믿지 못하고 자기 고집이 아주 센 얼굴입니다. 또한 손과 발이 작아 제 명을 다 살지 못하고 뜻밖의 죽음을 당할 상입니다. 아마 그렇지 않고 오래 산다 해도 ⓕ늘그막에 몹쓸 병을 얻어 몹시 고생을 할 관상입니다."

1 ㉠을 두 문장으로 나눌 때 이어 주는 말로 알맞은 것은 무엇인가요?

① 또한　　　　　　② 그래서　　　　　　③ 그리고

④ 왜냐하면　　　　⑤ 그렇지만

2 ㉡~㉤ 중에 가리키는 대상이 <u>다른</u> 하나는 무엇인지 기호를 쓰세요.

_____

3 옹고집이 무학 대사를 그동안 봐 온 중들과 다르다고 생각한 까닭은 무엇인 가요?

_____

4 무학 대사가 옹고집의 관상을 보고 판단한 내용과 <u>다른</u> 것은 무엇인가요?

① 자손이 귀하다.

② 자기 고집이 아주 세다.

③ 뜻밖의 죽음을 당할 것이다.

④ 늘그막에 몹쓸 병에 걸릴 것이다.

⑤ 남의 말을 잘 믿어 사기를 당할 것이다.

5 ㉥의 뜻을 국어사전에서 찾아보고, 그 뜻이 드러나도록 짧은 글을 지어 보세요.

(1) 늘그막: _____

(2) 짧은 글: _____

다음 글을 읽고 물음에 답해 보세요.

옹고집전 ❻

"뭐라고? 이런 못된 중 놈을 보았나? 여봐라. 뭣들 하느냐? 당장 이 놈을 몹시 쳐서 내쫓지 않고?"

하인들은 옹고집의 서슬에 놀라 무학 대사의 양팔을 잡아 문밖으로 내쫓았습니다.

옹고집은 그래도 분이 안 풀려 하인들을 시켜 몽둥이로 무학 대사를 흠씬 두들겨 주라고 했습니다.

무학 대사는 매를 맞고 비틀거리며 절로 돌아왔습니다.

며칠 후 무학 대사는 조용히 동자승을 불러 짚단을 하나 가져오게 했습니다.

그리고 짚으로 사람의 크기만 한 허수아비를 만들었습니다. 그러고 는 도술을 부리는 스님께 그 짚단을 가져갔습니다. 도술을 부리는 스님은 그 짚단에 붓으로 글자를 쓰더니 중얼중얼 주문을 외기 시작했습니다.

그러자 짚으로 만든 허수아비가 펑 소리를 내며 사람으로 변했습니다. 정말 옹고집과 똑같은 모습이었습니다. 주걱턱과 매부리코, 그리고 짙은 눈썹, 손을 휘휘 저으며 걷는 걸음걸이까지 말입니다.

"자, 이제 너는 옹진골 옹당촌에 사는 옹고집의 집으로 가거라."

"예, 대사님."

🔍 **서슬**: 날카로운 기세.

1 사실 무학 대사가 옹고집의 집에 간 까닭은 무엇일까요?

① 시주를 받으려고

② 옹고집을 시험해 보려고

③ 옹고집에게 도술을 배우려고

④ 옹고집을 산으로 데려오려고

⑤ 옹고집에게 복을 빌어 주려고

2 관상에 대한 이야기를 들은 옹고집은 무학 대사를 어떻게 했나요?

_____

3 무학 대사는 짚으로 무엇을 했나요?

① 절의 지붕을 올렸다.   ② 허수아비를 만들었다.

③ 동자승을 더 만들었다.   ④ 동자승을 혼내 주었다.

⑤ 가짜 무학 대사를 만들었다.

4 옹고집의 모습을 나타낸 것이 아닌 것은 무엇인가요?

① 주걱턱   ② 매부리코   ③ 넓은 이마

④ 짙은 눈썹   ⑤ 손을 휘휘 저으며 걷는 걸음걸이

5 다음 빈칸에 알맞은 낱말을 이 글에서 찾아 써넣으세요.

• 그러자 짚으로 만든 (   )가 펑 소리를 내며 사람으로 변했습니다.

◉ 다음 글을 읽고 물음에 답해 보세요.

옹고집전 ❼

옹고집의 집에 도착한 가짜 옹고집은 문밖에서 (㉠) 진짜 옹고집처럼 큰 소리로 하인들에게 호통을 쳤습니다.

㉡"어서 문 열지 못하겠느냐?"

하인들은 조금 전까지 방에 있던 주인이 언제 밖에 나갔다 왔는지 의아해하면서 얼른 문을 열어 주었습니다.

㉢"뭘 그리 빤히 보는 게야? 부지런히 일들 하지 않고?"

그러고는 ㉣뒷짐을 지고 거드름을 피우며 진짜 옹고집이 있는 사랑채로 들어갔습니다.

방 안에서 엽전을 세고 있던 옹고집은 가짜 옹고집을 보고 ㉤깜짝 놀라 눈이 휘둥그레졌습니다.

㉥"아, 아니 너는 누구냐?"

그런데 가짜 옹고집은 도리어 큰 소리를 치며 말했습니다.

㉦"아니 그러는 너는 누구냐?"

"네놈이 어디서 주인 행세를 하려 드느냐? 어서 저놈을 묶어라."

"어허, 누가 할 소리를! 당장 저놈을 내쫓아라."

기가 막힌 진짜 옹고집은 고래고래 소리를 지르며 하인들을 불렀습니다.

하인들은 똑같이 생긴 두 옹고집이 서로 싸우는 모습을 보고 ㉧얼이 빠져 서 있었습니다.

🔍 **호통**: 몹시 노하여 크게 꾸짖음.

1 이 글에서 (㉠)에 들어갈 알맞은 부사어는 무엇일까요?

① 비록   ② 마치   ③ 만약

④ 어쩌면   ⑤ 더군다나

2 다음 중 가짜 옹고집이 한 말이나 행동이 <u>아닌</u> 것은 무엇인가요?

① ㉢   ② ㉤   ③ ㉣   ④ ㉫   ⑤ ㉯

3 진짜 옹고집이 ㉤과 같이 행동한 까닭은 무엇인가요?

① 엽전이 부족해서   ② 하인들이 쳐들어와서

③ 무학 대사가 찾아와서   ④ 가짜 옹고집이 나타나서

⑤ 인기척도 없이 방으로 들어와서

4 다음 말을 보기 와 같이 바꿔 써 보세요.

> 보기 부모님의 사랑은 <u>한이 없는</u> 것이다.
>   → 부모님의 사랑은 <u>무한한</u> 것이다.

(1) 책임이 없는 → _____

(2) 능력이 없는 → _____

5 하인들이 ◎과 같이 행동한 까닭은 무엇일까요?

_____

6 다음 중에서 ◎에 쓰인 '얼'과 바꾸어 쓸 수 있는 낱말을 모두 고르세요.

① 넋   ② 얼굴   ③ 정신   ④ 얼음   ⑤ 얼레

● 다음 글을 읽고 물음에 답해 보세요.

옹고집전 ⑧

㉠이 소식을 듣고 달려온 옹고집 부인은 놀라 얼굴이 새파랗게 변했습니다. 부인은 누가 진짜인지 가려내려고 이 방법 저 방법을 써 보았지만 ㉡도무지 알 수가 없었습니다.

그때 부인은 좋은 생각이 떠올랐습니다.

"진짜 옹고집은 배꼽 밑에 커다랗고 검은 점이 하나 있소."

진짜 옹고집은 얼굴에 환한 미소를 띠며 배꼽 밑에 있는 점을 부인에게 자랑스럽게 보여 주었습니다.

"보시오, 부인. 내가 진짜 당신 남편이오."

"어허, 무슨 소리. 보시오, 부인. 내 점이 진짜 점이오."

부인은 도저히 누가 진짜인지 ㉢가릴 수가 없었습니다. 그래서 두 옹고집을 원님께 데려가기로 했습니다.

마을 사람들은 이 희한한 사건을 원님이 어떻게 해결할지 궁금해하며 동원 가득 모여들었습니다.

1 ㉠의 '이 소식'이란 어떤 소식을 말하나요?
  ① 옹고집이 둘이라는 소식   ② 옹고집이 착해졌다는 소식
  ③ 옹고집이 결혼한다는 소식   ④ 옹고집이 병이 났다는 소식
  ⑤ 집에 도둑이 들었다는 소식

2 ㉡과 바꾸어 쓸 수 있는 낱말이 아닌 것은 무엇인가요?
  ① 도통   ② 전혀   ③ 도대체
  ④ 좀처럼   ⑤ 반드시

3 밑줄 그은 낱말이 ㉢과 같은 뜻으로 쓰인 문장은 무엇인가요?
  ① 범인은 얼굴을 가렸다.
  ② 축구를 하려고 편을 갈랐다.
  ③ 수박을 다섯 조각으로 갈랐다.
  ④ 최우수 작품을 가리기가 어려웠다.
  ⑤ 우리 누나는 나에게 수학을 가르쳐 주었다.

4 옹고집의 부인은 진짜와 가짜를 가리기 위해 어떻게 했나요?
  ① 원님께 데려갔다.   ② 점쟁이를 불렀다.
  ③ 친척들을 불렀다.   ④ 수수께끼를 냈다.
  ⑤ 무학 대사를 모셔 왔다.

5 다음 빈칸에 알맞은 낱말을 이 글에서 찾아 써넣으세요.

  • 진짜 옹고집은 (   ) 밑에 커다랗고 (   )이 하나 있소.

◉ 다음 글을 읽고 물음에 답해 보세요.

옹고집전 ⑨

"오호! 정말 똑같이 생겼구나. 이렇게 신기한 일이."

원님 앞에 꿇어앉은 두 옹고집은 계속 아옹다옹 다투었습니다.

원님은 두 옹고집을 방으로 불러 몸을 살펴보고 말도 시켜 보았지만 누가 진짜인지 가릴 수가 없었습니다. 그래서 ㉠곰곰이 생각하던 원님은 두 옹고집에게 집안 내력과 가정 사정을 ㉡낱낱이 고하게 했습니다.

먼저 진짜 옹고집에게 물었습니다. 그러나 재물 모으기에만 급급했던 옹고집은 집 안에 있는 물건과 내력에 대해서 자세히 말하지 못했습니다.

그러자 가짜 옹고집은 도술을 부려 집 안에 있는 물건과 집안 내력에 대해 하나도 빠지지 않고 말하기 시작했습니다.

"방 안에는 산수병과 ㉢연꽃 그림이 그려진 도자기가 있고, 옷이 백두 벌, 갓이 서른 개, 금반지가 백이십 개, 또 벽장 안에는 무엇 무엇이 들어 있고, 오늘 아침에는 소가 새끼를 ㉣낳았으며, 증조할아버지, 증조할머니 이름은 무엇이며……."

거침없이 말하는 가짜 옹고집의 말을 듣고 진짜 옹고집은 입이 쩍 벌어질 수밖에 없었습니다.

부인에게 확인을 해 본 결과 가짜 옹고집의 말이 모두 ㉤옳았습니다.

🔍 **내력**: 겪어 온 자취.
산수병: 산수의 풍경을 그린 병풍.

1 다음 와 같이 문장을 바꾸어 써 보세요.

> **보기** 옹고집은 고집이 세기로 유명하다.
>
> → 고집이 세기로 유명한 옹고집

• 원님은 지혜로운 판결을 내리기로 이름났다.

→ _____

2 원님이 진짜를 가려내기 위해 사용한 방법을 모두 고르세요.

① 곤장 치기   ② 도술 부리기

③ 의원에게 보이기   ④ 집안 내력 맞히기

⑤ 집 안에 있는 물건 맞히기

3 서로 트집을 잡아 자꾸 다투는 모양을 흉내 내는 말을 글에서 찾아 써 보세요.

_____

4 ㉠~㉤ 중 맞춤법이 틀린 낱말은 무엇인가요?

① ㉠   ② ㉡   ③ ㉢   ④ ㉣   ⑤ ㉤

5 가짜 옹고집이 말한 집안 물건과 내력이 아닌 것은 무엇인가요?

① 집안에 쌍둥이가 많다.

② 오늘 아침에 소가 새끼를 낳았다.

③ 방 안에는 산수병과 연꽃 그림의 도자기가 있다.

④ 증조할아버지와 증조할머니의 이름을 알고 있었다.

⑤ 옷이 백두 벌, 갓이 서른 개, 금반지가 백이십 개 있다.

● 다음 글을 읽고 물음에 답해 보세요.

옹고집전 ⑩

"여봐라, 이 사람이 진짜 옹고집이다. 저 가짜 놈을 ㉠볼기를 쳐서 마을 밖으로 내쫓아라."

원님은 가짜 옹고집이 진짜라는 판결을 내렸습니다.

재판에서 이긴 가짜 옹고집은 집으로 돌아와 큰 잔치를 벌이고 편안하게 살았고, 쫓겨난 진짜 옹고집은 거지가 되어 이 마을 저 마을을 떠돌게 되었습니다.

진짜 옹고집은 추위와 배고픔으로 몇 날 며칠을 보내면서 지난날 자기가 한 잘못 때문에 벌을 받는 것이라며 후회를 하고 눈물을 흘렸습니다. 하지만 이제 후회해도 소용이 없었습니다. 옹고집이 마침내 스스로 목숨을 끊기로 ㉡마음먹고 절벽 위에 올라갔을 때였습니다.

"이보게, 옹고집."

누군가가 자기를 부르는 소리가 들렸습니다. 옹고집은 깜짝 놀라 주위를 두리번거렸습니다. 하지만 아무도 없었습니다.

1   재판의 결과는 어떻게 되었나요?

_____

2   진짜 옹고집은 집에서 쫓겨난 후 어떻게 변했나요?

_____

3   옹고집은 왜 스스로 목숨을 끊으려고 했을까요?

_____

_____

4   옹고집이 절벽에 올라간 까닭은 무엇인가요?
    ① 집을 찾아보려고
    ② 목숨을 끊으려고
    ③ 하느님께 기도를 드리려고
    ④ 아침 해가 뜨는 것을 구경하려고
    ⑤ 누군가가 자기를 부르는 소리가 들려서

5   ㉠은 구체적으로 신체의 어디를 말하나요?
    ① 뺨   ② 어깨 아래   ③ 발바닥 안쪽
    ④ 뒤쪽 허리 아래   ⑤ 허벅다리 아래 양쪽

6   ㉡에 담긴 뜻이 <u>아닌</u> 것은 무엇인가요?
    ① 작정하다   ② 결심하다   ③ 망설이다
    ④ 결정하다   ⑤ 생각하다

◉ 다음 글을 읽고 물음에 답해 보세요.

옹고집전 ⑪

'잘못 들었겠지. 누가 날 옹고집이라고 부르겠어.'

그때 구름을 탄 도사님이 옹고집 앞으로 다가왔습니다.

"아니! 도사님, 도사님이셨군요. 제가 죽을죄를 지었습니다."

옹고집은 지난날 ㉠몰매를 쳐서 내쫓은 무학 대사의 얼굴을 보고 코가 땅에 닿도록 절을 하며 잘못을 빌었습니다.

"이런 몹쓸 사람 같으니라고. 앞으로도 어머니를 구박하고 동네 사람들과 스님들을 구박하며 고집부리고 구두쇠처럼 굴 텐가?"

"아니옵니다. 지난날 제가 지은 죄를 이미 뉘우치고 있습니다. 제게 다시 기회를 주신다면 평생 동안 착하게 살겠습니다."

옹고집은 손바닥이 닳도록 싹싹 빌고 또 빌었습니다. 무학 대사는 진심으로 지난날의 잘못을 뉘우치는 옹고집을 보고 주문을 풀어 주었습니다.

옹고집이 집으로 다시 돌아가자 옹고집의 사랑방에 있던 가짜 옹고집이 갑자기 사라져 버리고 ㉡짚단 하나만 놓여 있었습니다.

🔍 **몰매** : 여럿이 한꺼번에 덤벼 때리는 매. 뭇매. 물매.

1 절벽 위에 서 있는 옹고집을 부른 사람은 누구였나요?

_____

2 무학 대사가 짚으로 만든 허수아비를 옹고집의 집으로 보낸 이유는 무엇일까요?

_____

3 옹고집의 잘못과 거리가 <u>먼</u> 것은 무엇인가요?
  ① 구두쇠처럼 군 일
  ② 어머니를 구박한 일
  ③ 스님을 못살게 군 일
  ④ 동네 사람들을 구박한 일
  ⑤ 마을 서당의 문을 닫게 만든 일

4 ㉠'몰매'와 같은 뜻을 지니는 낱말은 모두 골라 보세요.
  ① 뭇매   ② 몽매   ③ 물매   ④ 매매   ⑤ 남매

5 ㉡은 무엇이었나요?
  ① 도사님   ② 동자승   ③ 무학 대사
  ④ 진짜 옹고집   ⑤ 가짜 옹고집

6 무학 대사에게 진짜 옹고집이 잘못을 비는 말을 찾아서 밑줄을 그어 보세요.

◉ 다음 글을 읽고 물음에 답해 보세요.

옹고집전 ⑫

문을 열고 진짜 옹고집이 방으로 들어서자 부인과 하인들은 깜짝 놀라며 뛰어나왔습니다.

"아니, 여보. 금방 어디를 다녀오셨길래 이런 몰골로 들어오세요?"

옹고집은 이제 제자리를 찾자 아무 일도 없었다는 듯 허허 웃기만 했습니다. 그러고는 사랑채에서 허수아비를 가지고 나와 불태워 버리며 다시는 지난날처럼 살지 않겠다고 다짐했습니다.

그리고 하인을 시켜 취암사에 시주를 하고 오도록 시켰습니다. 그리고 가난한 사람들에게 쌀도 나누어 주고 어머니도 잘 모시는 아주 착한 사람이 되었습니다.

1 옹고집은 허수아비를 태우면서 어떤 다짐을 했나요?

_____

2 옹고집이 다시 집으로 돌아온 후 한 일이 아닌 것은 무엇인가요?
① 어머니를 잘 모셨습니다.
② 허수아비를 불태웠습니다.
③ 취암사에 시주를 하고 오도록 시켰습니다.
④ 가짜 옹고집을 몰매를 쳐서 내쫓았습니다.
⑤ 가난한 사람들에게 쌀을 나누어 주었습니다.

3 스쿠루지 이야기와 옹고집전을 비교하여 공통점을 찾아 써 보세요.

_____

_____

4 옹고집과 무학 대사의 성격을 비교하여 써 보세요.
(1) 옹고집: _____

_____

(2) 무학 대사: _____

_____

심화 학습
5 구두쇠가 꼭 나쁜 것만은 아닙니다. 각자의 형편에 따라 구두쇠 작전도 필요할 테니까요. 내가 펼 수 있는 구두쇠 작전을 몇 가지 써 보세요.

_____

_____

◆ 논술 기초 : 꾸며 주는 말

◯ 다음 보기 와 같이 꾸며 주는 말을 써 보세요.

> 보기   흰 눈이 내립니다.
>   → 흰 눈이 <u>사뿐사뿐 / 조용히</u> 내립니다.

| 시냇물이 흘러갑니다.
   → 시냇물이 ＿＿＿＿＿＿＿ 흘러갑니다.

2 아이가 걸어옵니다.
   → 아이가 ＿＿＿＿＿＿＿ 걸어옵니다.

3 나비가 날아갑니다.
   → 나비가 ＿＿＿＿＿＿＿ 날아갑니다.

4 별들이 빛납니다.
   → 별들이 ＿＿＿＿＿＿＿ 빛납니다.

5 새들이 노래합니다.
   → 새들이 ＿＿＿＿＿＿＿ 노래합니다.

6 나뭇잎이 흔들립니다.
   → 나뭇잎이 ＿＿＿＿＿＿＿ 흔들립니다.

7 햇살이 쏟아집니다.
   → 햇살이 ＿＿＿＿＿＿＿ 쏟아집니다.

1 다음 문장에서 (   ) 속의 말을 다른 말로 고쳐 짧은 글을 완성해 보세요.

(1) 어제는 (날씨가) 아주 좋아서 온 가족이 (소풍을 갔습니다).

→ _____

(2) 노란 병아리가 (입을 벌리고) 엄마 닭을 (따라다닙니다).

→ _____

(3) 개미 가족은 (땀을 뻘뻘 흘리며) 열심히 (일을 합니다).

→ _____

2 다음   안에 들어 있는 낱말들을 한 번씩 넣어서 짧은 글 짓기를 해 보세요.

(1)

| 울타리 | 지붕 | 초가집 | 병아리 | 개나리 |

→ _____

_____

_____

(2)

| 수영 | 해수욕장 | 수영복 | 바닷물 | 부모님 | 모래 |

→ _____

_____

_____

18b

🏷️ 뜻이 반대되는 낱말

◉ 다음 낱말을 사용하여 짧은 글을 지어 보고, 또 뜻이 반대되는 낱말을 가지고도 짧은 글을 지어 보세요.

1 커다란: _____

조그마한: _____

2 길게: _____

짧게: _____

3 따뜻하게: _____

시원하게: _____

4 굵은: _____

가는: _____

5 성공: _____

실패: _____

6 밝은: _____

어두운: _____

7 느린: _____

빠른: _____

● 다음 글에서 ( ) 속에 있는 낱말과 뜻이 반대되는 낱말을 이용하여 짧은 글을 만들어 보세요.

1　마을의 (널따란) 놀이터에서 아이들이 공을 차고 놉니다.

→ _____

2　봄이 되니 언덕 위에서 아지랑이가 (천천히) 올라갑니다.

→ _____

3　노란 병아리가 (예쁜) 입으로 개나리꽃을 쪼아 먹습니다.

→ _____

4　일요일 아침이라 (느긋하게) 아침을 먹었습니다.

→ _____

5　(부지런한) 사람은 반드시 성공합니다.

→ _____

6　개미들이 무엇이 그리 바쁜지 (분주하게) 움직이고 있었습니다.

→ _____

7　오늘은 아침 (일찍)부터 봄비가 내리기 시작했습니다.

→ _____

🌰 부사어의 호응

◎ 다음 보기 에서 알맞은 부사어를 골라 빈 곳에 써 보세요.

> 보기   만약   비록   마치   꼭   하필   매우   더구나

1 (   ) 내일 비가 온다면, 우리는 운동회를 하지 못할 것이다.

2 그의 발은 (   ) 코끼리 발처럼 크다.

3 하늘을 보니 내일은 (   ) 비가 올 것이다.

4 이번에는 (   ) 반에서 일 등을 할 것이다.

5 에디슨은 (   ) 공부는 못했지만, 호기심이 다른 아이들보다 많았다.

6 심부름을 하기 위해 제비뽑기를 했는데 (   ) 내가 걸릴 줄이야.

7 (   ) 열심히 공부한 결과 정우는 우등상을 받았다.

8 그 아이는 체격이 작은데 (   ) 몸까지 허약하다.

◉ 다음 빈 곳에 가장 알맞은 부사어를 골라 써 보세요.

> 보기   오히려   역시   아무리   결국   하마터면   가장
>   왜냐하면   오래간만에   물론   아무쪼록

1 (   ) 네가 제일이구나!

2 모자랄 줄 알았더니 (   ) 남았다.

3 나는 (   ) 공부를 해도, 다은이를 이길 수가 없었다.

4 열심히 공부한 끝에 형은 (   ) 장학금을 받을 수 있었다.

5 (   ) 물에 빠질 뻔했다.

6 여러 가지 고민이 있지만, 그중에서 (   ) 중요한 것은 친구에 관한 고민이다.

7 나는 학교에 가지 못했다. (   ) 배가 몹시 아팠기 때문이다.

8 (   ) 만난 친구가 너무나 반가웠다.

9 (   ) 네가 건강하기를 바랄 뿐이다.

10 영어는 (   ) 수학도 잘해야 한다.

◎ 다음 주어진 표현을 사용해 짧은 문장을 만들어 보세요.

1 만약 ~라면 ~겠다.

→ _____

2 비록 ~하더라도 ~겠다.

→ _____

3 ~보다는 ~이(가) 더 낫다.

→ _____

4 ~일지라도 ~겠다.

→ _____

5 다시는 ~ 때문에 ~ 않겠다.

→ _____

6 ~뿐만 아니라 ~도 잘한다.

→ _____

7 ~에도 불구하고 ~하다.

→ _____

8 왜냐하면 ~ 때문이다.

→ _____

9 하마터면 ~ 뻔했다.

→ _____

기탄국어

학습 관리표

	1일	2일	3일	4일	5일	이번 주는?
금주평가	Ⓐ 아주 잘함	Ⓐ 아주 잘함	Ⓐ 아주 잘함	Ⓐ 아주 잘함	Ⓐ 아주 잘함	• 학습 방법 ❶ 매일매일 ❷ 가끔 ❸ 한꺼번에 하였습니다.
	Ⓑ 잘함	Ⓑ 잘함	Ⓑ 잘함	Ⓑ 잘함	Ⓑ 잘함	• 학습 태도 ❶ 스스로 잘 ❷ 시켜서 억지로 하였습니다.
	Ⓒ 보통	Ⓒ 보통	Ⓒ 보통	Ⓒ 보통	Ⓒ 보통	• 학습 흥미 ❶ 재미있게 ❷ 싫증 내며 하였습니다.
	Ⓓ 부족함	Ⓓ 부족함	Ⓓ 부족함	Ⓓ 부족함	Ⓓ 부족함	• 교재 내용 ❶ 적합하다고 ❷ 어렵다고 ❸ 쉽다고 하였습니다.

지도 교사가 부모님께	부모님이 지도 교사께

종합 평가	Ⓐ 아주 잘함	Ⓑ 잘함	Ⓒ 보통	Ⓓ 노력해야 함

원
교   반   이름

기초부터 탄탄하게
기탄교육

학습 내용

H단계 21a-40b

	교재번호	내용	분류
1일	21a~25a	• 학교에서 생긴 일	생활문
2일	25b~29a	• 모양을 흉내 내는 말 • 우리의 민속놀이 I	문법 설명문
3일	29b~33a	• 우리의 민속놀이 II • 아버지의 지혜 I	설명문 동화
4일	33b~37a	• 아버지의 지혜 II	동화
5일	37b~40b	• 아버지의 지혜 III • 비유하여 쓰기 • 소리를 흉내 내는 말	동화 논술 기초 문법

● 다음 글을 읽고 물음에 답해 보세요.

생활문

학교에서 생긴 일 ❶

오후에 글쓰기 학원에 갔다. 선생님께서는 생활문을 한 편씩 써 보라고 하셨다. 나는 우리 반 친구인 정민이와 있었던 일을 생활문으로 쓰기로 했다.

정민이는 우리 반에 새로 전학을 온 친구이다.

지난 금요일, 첫째 시간에 정민이가 갑자기 쓰러지는 일이 있었다.

"어, 어."

정민이가 휘청이는가 싶더니 털썩하고 바닥에 쓰러져 버렸다.

정민이가 그렇게 쓰러져 버리자 정민이 짝인 시아는 너무 놀라 마구 울기 시작하였고, 아이들도 모두 놀라 소리를 질러 댔다. 나도 너무 놀랐다.

1 글쓴이가 쓴 글의 종류는 무엇인가요?

① 설명문   ② 생활문   ③ 논설문

④ 기록문   ⑤ 기행문

2 글 속에 또 다른 글이 등장하는 부분은 어디부터인가요?

① 오후에 글쓰기 학원에 ~   ② 나는 우리 반 친구인 ~

③ 정민이는 우리 반에 ~   ④ "어, 어." ~

⑤ 그렇게 쓰러져 버리자 ~

○ 다음 글을 읽고 물음에 답해 보세요.

학교에서 생긴 일 ②

"자, 얘들아, 모두들 조금만 조용히 하렴."

선생님께서는 아이들을 조용히 시키시고 회장에게 방석을 몇 개 구해 오라고 하셨다. 회장이 방석을 구해 오자 선생님은 방석을 깐 다음 정민이를 ㉠거기에 눕히셨다.

"야, 정민이 왜 그러는 거야?"

"어떡해……, 정민이 어떻게 되는 거야?"

아이들은 정민이 주위를 둘러싸고 수군거렸다.

그때 승기가 큰 소리로 말했다.

"나도 정민이처럼 아파서 잠이나 실컷 잤으면 좋겠다."

난 그런 승기를 정말 이해할 수 없었다.

시아도 승기에게 나쁜 녀석이라며 화를 내고 있었다.

나는 정민이가 매우 불쌍하다는 생각이 들었다. 평소에 승기와 친하게 지내던 녀석들도 승기처럼 깔깔거리며 웃고 있었다. 나머지 아이들은 그런 승기와 승기 친구들에게 눈을 흘겼다. 그때 보건 선생님께서 들어오셨다.

1 글쓰기 학원에서 쓴 생활문은 어디에서 있었던 일을 쓴 글인가요?

① 집   ② 학교   ③ 학원

④ 피시방   ⑤ 놀이터

2 글쓴이는 누구에 대한 이야기를 쓰기로 했나요?

_____

3 ㉠은 어디를 가리키나요?

① 보건실   ② 운동장   ③ 책상 위

④ 방석 위   ⑤ 교실 바닥

4 승기와 승기 친구들의 행동에서 잘못한 점을 지적하고, 적절한 충고의 말을 써 보세요.

_____

_____

_____

5 다음 중 모양이나 움직임을 흉내 내는 말이 <u>아닌</u> 것은 무엇인가요?

① 뒤뚱뒤뚱   ② 팔짝팔짝   ③ 짤랑짤랑

④ 절뚝절뚝   ⑤ 번쩍번쩍

6 다음 빈칸에 알맞은 말을 이 글에서 찾아 써 보세요.

> • 평소에 승기와 친하게 지내던 녀석들도 승기처럼 (   )거리며 웃고 있었다.

● 다음 글을 읽고 물음에 답해 보세요.

학교에서 생긴 일 ③

보건 선생님께서는 정민이를 조심스럽게 살펴보셨다.

"아무래도 보건실로 옮겨야겠어요. 선생님께서 좀 업어 주시겠어요?"

담임 선생님께서는 정민이를 등에 업고 보건실로 옮기셨다.

잠시 후에 다시 교실로 돌아오신 ㉠선생님께서는 아이들을 조용히 시키고 말씀하셨다.

"정민이는 몸이 아파요. 어렸을 때부터 오늘처럼 자주 쓰러지곤 했대요. 몸이 안 좋아서 빈혈 증세를 일으킨 거예요. 정민이는 우리 모두의 도움이 필요한 친구예요. 앞으로 여러분이 정민이를 많이 도와 주세요."

1   '아무래도'를 넣은 문장 중 어색한 것은 무엇인가요?

① 아무래도 걱정하라.

② 아무래도 너를 못 당하겠다.

③ 아무래도 제시간에는 못 가겠다.

④ 아무래도 빨리 출발하는 게 좋겠다.

⑤ 아파서 아무래도 집에 가는 게 낫겠다.

2   ㉠의 문장을 보기 처럼 대화 글을 사용해 바꾸어 써 보세요.

> 보기   주희는 시계가 없어졌다고 말했습니다.
>   → 주희는 "시계가 없어졌어."라고 말했다.

→ _____

3   정민이에 대한 이야기 중 틀린 것은 무엇인가요?

① 아프다.   ② 어려서부터 아팠다.

③ 병이 나서 쓰러졌다.   ④ 우리의 도움이 필요하다.

⑤ 꾸준히 우리에게 도움을 준다.

4   여러분이 정민이의 친구라면 해 줄 수 있는 일이 무엇이 있을까요?

_____

5   다음 빈칸에 알맞은 낱말을 이 글에서 찾아 써넣으세요.

• 정민이는 몸이 아파요. 어렸을 때부터 오늘처럼 자주 쓰러지곤 했대요.
  몸이 안 좋아서 (   )를 일으킨 거예요.

◯ 다음 글을 읽고 물음에 답해 보세요.

학교에서 생긴 일 ④

그날 저녁에 집에 돌아와서 어머니께 정민이 얘기를 했다.
어머니께서는 이렇게 말씀하셨다.

"그런 일이 있었구나. 너도 잘 돌봐 주렴. 정민이가 아픈 건 정민이 탓이 아니란다. 내가 알기로는 정민이네 가정 형편도 어렵다고 하던데, 정민이는 몸까지 아프니까 친구들이 더 많이 도와주고 사랑해 주어야겠지?"

나는 어머니의 말씀을 듣고 고개가 푹 숙어졌다. 방으로 돌아와 선생님과 어머니의 말씀을 다시 한번 생각해 보았다.

그리고 그동안 내가 정민이에게 한 행동을 반성했다.

나는 정민이가 얼굴도 창백하고 깡마른 데다가 말도 잘 안 하고 공부도 못해서 친하게 지내고 싶지 않았다. 그리고 정민이는 항상 유행이 훨씬 지난 촌스러운 옷만 입고 다녀서 친구들이 놀리기도 했었다.

하지만 정민이가 그렇게 쓰러지는 걸 직접 보고 형편이 어렵다는 얘기까지 들으니 앞으로는 정민이에게 잘해 주어야겠다는 생각이 들었다. 정민이의 사정도 모르고 싫어한 내가 너무 부끄러웠다.

1 | 글쓴이가 부끄럽다고 여긴 점은 무엇인가요?

① 부모님께서 정민이 이야기를 한 일

② 정민이의 사정도 모르고 싫어한 일

③ 다른 친구들과 많이 사귀지 못한 일

④ 정민이가 아플 때 도와주지 않은 일

⑤ 정민이와 놀다가 정민이를 다치게 한 일

2 | 글쓴이가 정민이를 흉본 이유가 <u>아닌</u> 것을 모두 고르세요.

① 공부를 못해서   ② 말도 잘 안 해서

③ 매일 차를 타고 등교를 해서   ④ 얼굴이 하얗고 운동도 잘해서

⑤ 유행이 지난 옷을 입고 다녀서

3 | 이 글에 나타난 정민이의 모습으로 어울리는 것에 ○를 하세요.

(1)

(   )

(2)

(   )

(3)

(   )

(4)

(   )

◉ 다음 글을 읽고 물음에 답해 보세요.

학교에서 생긴 일 ⑤

"자, 이제 정리해서 선생님한테 내세요."

글쓰기 시간이 끝나고 선생님께서는 우리들이 쓴 글을 읽어 보셨다.

"지율아, 친구들에게 네가 쓴 글을 좀 읽어 주겠니?"

나는 얼굴이 빨개졌지만 기분이 좋아져서 친구들에게 생활문을 읽어 주었다.

선생님께서는 잘 썼다며 칭찬을 많이 해 주셨다.

"지율이가 쓴 생활문은 특히 내용이 아주 좋아요. 여러분도 주위의 어려운 친구들을 놀리거나 멀리하지 말고 친하게 지내며 많이 도와 주어야겠죠?"

"네."

아이들도 큰 소리로 대답했다.

선생님의 칭찬과 친구들의 박수도 고마웠지만 나는 정민이에게 더 고마운 마음이 들었다.

'정민아, 앞으로 정말 좋은 친구가 되어 줄게. 빨리 ㉠나아야 해.'

나는 마음속으로 이렇게 다짐했다.

1 ㉠의 기본형은 무엇인가요?

① 낳다　　　　　② 낫다　　　　　③ 날다

④ 놓다　　　　　⑤ 나아지다

2 다음 빈칸에 알맞은 말을 이 글에서 찾아 써 보세요.

- 지율이가 쓴 (　　　　　)은 특히 내용이 아주 좋아요. 여러분도 주위의 어려운 친구들을 (　　　　　) 멀리하지 말고 친하게 지내며 많이 (　　　)주어야겠죠?

3 지율이가 친구와 선생님에게 박수를 받고 정민이에게 고마운 마음이 들었던 까닭은 무엇일까요?

_____

_____

_____

심화 학습

4 지율이처럼 칭찬을 받은 적이 있나요? 언제 칭찬을 받았는지 써 보세요.

_____

_____

_____

◆ 모양을 흉내 내는 말

◎ 다음 문장을 읽고 상황에 맞는 모양을 흉내 내는 말을 써 보세요.

1 골목에서 한 할머니가 누굴 찾으시는지 _____ 둘러보고 계셨습니다.

2 태리는 선생님께 혼날까 봐 교실에도 못 들어가고 문밖에서 _____ 창문을 들여다보며 서 있었습니다.

3 바람이 _____ 불어와 볼을 살며시 만져 줍니다.

4 나풀거리는 새하얀 옷을 입은 아이가 _____ 걸어 무대로 나옵니다.

5 거북은 신기한 돌멩이를 보고 눈을 _____ 깜빡였습니다.

6 다람쥐는 쳇바퀴 안에서 _____ 달리고, 또 달렸습니다.

7 토끼와 거북의 경주에서 토끼는 _____ 뛰어가고, 거북은 _____ 기어갑니다.

8 춤을 추는 아이들의 엉덩이가 _____ 재미나게 움직입니다.

9 둥글둥글하던 초콜릿에 땅콩을 묻히자 _____ 못난이 초콜릿
   이 되었습니다.

10 꽃밭에 놀러 나온 아기가 _____ 귀엽게도 걸어갑니다.

11 멀리서 _____ 뛰어오는 다현이가 보였습니다.

12 오늘은 수업 시간 내내 _____ 졸았습니다.

13 귀신 이야기를 들은 아이들의 입이 _____ 벌어졌습니다.

14 아가는 _____ 웃고 있습니다.

15 밤하늘에는 별들이 _____ 빛나고, 달님이 환한 미소를 짓고
   있습니다.

다음 글을 읽고 물음에 답해 보세요.

설명문

우리의 민속놀이 ❶

우리나라는 예로부터 명절이 되면 여러 가지 민속놀이를 행해 왔습니다. ㉠새해 첫날인 설날에는 연날리기, 윷놀이, 널뛰기, 제기차기를 하였고, 추수가 끝난 추석에는 씨름을 하거나 달맞이를 하였습니다.

민속놀이 중에서도 특히 그네뛰기와 씨름은 단오를 중심으로 봄부터 가을에 걸쳐 명절 때마다 널리 행해졌습니다. 이러한 ㉡민속놀이는 우리 겨레의 정서를 잘 드러내는 고유한 민족 문화라 할 수 있습니다.

우리의 민속놀이 중 윷놀이, 그네와 씨름에 대해 좀 더 자세히 알아보도록 하겠습니다.

1 　이 글의 종류는 설명문입니다. 설명문은 어떤 글인가요?

　　① 여행을 다녀와서 쓴 글

　　② 자신의 생각을 주장하는 글

　　③ 일상생활에서 일어난 일을 적은 글

　　④ 훌륭한 인물의 생애나 업적을 기록한 글

　　⑤ 어떤 사물이나 사실을 알기 쉽게 풀어서 쓴 글

2 　무엇에 대해 쓴 글인가요?

　　① 우리의 명절　　　　　　　　② 단오의 유래

　　③ 달맞이 놀이　　　　　　　　④ 우리의 민속놀이

　　⑤ 우리의 민족 문화

3 　다음 중 ㉠에 하는 놀이가 아닌 것은 무엇인가요?

　　① 권투　　　　　　② 윷놀이　　　　　　③ 널뛰기

　　④ 연날리기　　　　⑤ 제기차기

4 　㉡과 같은 설명 방법을 사용한 글은 무엇인가요?

　　① 냉동실은 얼음을 만들고 보관하는 곳이다.

　　② 악기의 종류에는 타악기, 관악기, 현악기가 있다.

　　③ 동물은 조류, 포유류, 파충류 등으로 나눌 수 있다.

　　④ 우리 집에는 꽃이 많다. 예를 들면 달리아, 히아신스 등이 있다.

　　⑤ 한국은 젓갈을 넣어 김치를 담그고, 일본은 소금으로만 김치를 담근다.

5 　이 글에 나와 있는 민속놀이 이외에 민속놀이에 무엇이 있는지 조사해 보세요.

◉ 다음 글을 읽고 물음에 답해 보세요.

우리의 민속놀이 ②

윷놀이는 오랜 옛날부터 행해져 온 우리나라 고유의 민속놀이입니다. 좁은 장소에서 남녀노소 누구나 함께 즐길 수 있는 대표적인 놀이라고 할 수 있습니다.

윷놀이는 중국의 '저포'라는 놀이에서 전래되었다는 설도 있지만, 우리나라에서는 이미 삼국 시대 이전부터 널리 행해져 왔습니다. 부여에서는 왕이 다섯 종류의 가축을 다섯 부락에 나누어 주고, 그 가축들을 잘 번식시키기 위한 목적으로 윷놀이를 하였다고 합니다. 그래서 윷놀이를 할 때에 도, 개, 걸, 윷, 모를 각각 순서대로 돼지, 개, 양, 소, 말에 (㉠)하는 것입니다.

윷놀이는 보통 네 사람이 두 편으로 나뉘어 윷을 번갈아 던지며 놉니다. 윷가락을 던져서 네 개가 다 ㉡엎어진 것은 '모'요, 네 개가 다 잦혀진 것은 '윷', 한 개가 엎어지고 세 개가 잦혀진 것은 '걸', 두 개가 엎어지고 두 개가 잦혀진 것은 '개', 한 개가 잦혀지고 세 개가 엎어진 것은 '도'라고 합니다.

공부한 날 　 월 　 일

1 윷놀이는 언제부터 행해져 온 놀이인가요?

① 현대 　　　　　② 조선 시대 　　　　　③ 선사 시대

④ 고려 시대 　　　　⑤ 삼국 시대 이전

2 ㉠에 들어갈 알맞은 낱말은 무엇인가요?

① 비교 　　　② 대조 　　　③ 예시 　　　④ 비유 　　　⑤ 묘사

3 이 글을 바탕으로 다음 그림에 알맞은 윷 모양의 이름을 써 보세요.

(1) 　　　　　　　　　　　　　　　　　(2)

(　　　) 　　　　　　　　　　　　　　(　　　)

(3) 　　　　　　　　　　　　　　　　　(4)

(　　　) 　　　　　　　　　　　　　　(　　　)

4 이 글에서 ㉡과 뜻이 반대되는 낱말을 찾아 써 보세요.

_____

5 부여에서 윷놀이를 한 목적은 무엇이었나요?

① 비를 기원하는 의미에서

② 마땅히 재미있는 놀이가 없어서

③ 풍년이 들기를 기원하는 의미에서

④ 나라가 평화롭기를 기원하는 의미에서

⑤ 가축들이 잘 번식하기를 기원하는 의미에서

● 다음 글을 읽고 물음에 답해 보세요.

우리의 민속놀이 ③

윷이 가는 말을 살펴보면, 도는 한 칸, 개는 두 칸을 가고, 걸은 세 칸, 윷은 네 칸, 모는 다섯 칸을 갈 수 있습니다. 또한 앞서가는 상대편의 말을 쫓아가 잡을 수도 있습니다. 그리고 윷이나 모가 나오면 한 번 더 윷을 던질 수 있는 기회가 주어집니다. 이렇게 해서 네 개의 말이 상대편보다 먼저 말판을 모두 돌아 들어오는 편이 승리를 하게 되는 놀이입니다.

윷놀이는 원래 정월 무렵에 농민들이 그해 농사가 높은 지대에서 잘 될까, 아니면 낮은 지대에서 잘될까를 점치는 옛날 풍습의 하나였습니다. 그러나 오늘날에는 단순한 오락으로서 계절에 관계없이 일 년 내내 즐기는 놀이가 되었습니다. 특히 설날에는 온 가족과 친지들이 모여 윷놀이를 하며 화목을 다지는 뜻깊은 놀이로 발전하고 있습니다.

1 이 글에서 알 수 **없는** 내용은 무엇인가요?

① 윷놀이의 기원　　　　　　　② 윷놀이의 규칙

③ 윷놀이의 문제점　　　　　　④ 윷놀이를 하는 때

⑤ 윷놀이의 놀이 방법

2 다음 중 낱말의 짝이 나머지 넷과 다른 것은 무엇인가요?

① 쫓다 : 쪼다　　　② 옛날 : 오늘날　　　③ 단순한 : 복잡한

④ 고지대 : 저지대　　⑤ 앞서가다 : 쫓아가다

3 윷놀이의 변천 과정을 써 보세요.

(1) 옛날: _____

_____

(2) 오늘날: _____

_____

4 이 글은 무엇에 대해 설명하고 있나요?

① 설날　　② 농사　　③ 대보름　　④ 윷놀이　　⑤ 옛 풍습

5 다음 빈칸에 알맞은 말을 이 글에서 찾아 써넣으세요.

> • 윷이 가는 말을 살펴보면, (　　　)는 한 칸, (　　　)는 두 칸을 가
> 고, (　　　)은 세 칸, (　　　)은 네 칸, (　　　)는 다섯 칸을 갈
> 수 있습니다. 그리고 (　　　)이나 (　　　)가 나오면 한 번 더 윷을
> 던질 수 있습니다.

● 다음 글을 읽고 물음에 답해 보세요.

우리의 민속놀이 ④

다음은 그네에 대해 알아보겠습니다.

그네는 '추천'이라고도 하는데, 우리 의 옛 기록을 보면 ㉠'근의', '글위', '그 리', '근듸'라고 되어 있습니다. 이런 명 칭이 있는 것으로 보아, '그네'라는 이  름은 '근' 또는 '끈'의 놀이라는 뜻을 가지고 있는 것으로 추측할 수 있 습니다.

고려 시대에는 많은 종류의 그네뛰기가 있었다고 전해 옵니다. 귀족 들이 단오에 그네뛰기를 하였고, "수많은 사람이 모여 여러 가지 놀이 를 즐겼는데, 그네도 뛰었다."고 기록되어 있습니다. 이로 보아, 고려 때에 이미 신분의 높고 낮음을 떠나서 그네뛰기가 성행하였다는 것을 알 수 있습니다. 특히, 송도의 그네뛰기는 유명하였으며, 이것이 조선 시대를 거쳐 오늘날까지 이르렀습니다.

그네를 뛰는 방법에는 여러 가지가 있습니다. 혼자 뛰면 '외그네', 둘 이 마주보며 뛰면 '배그네' 또는 '맞그네'라고 합니다. 옆으로 나란히 서 서 한 손으로는 짝의 허리를 끼고 또 한 손으로는 그넷줄을 쥐고 뛰면 '짝그네'라고 합니다.

한식부터 시작하여 단오를 거쳐 한가위까지 행해지던 그네뛰기는 아 이들과 여자들이 즐겨 왔던 우리의 대표적인 민속놀이의 하나입니다.

1 그네는 다른 말로 무엇이라고도 부르나요?

_____

2 ㉠을 통해 추측할 수 있는 것은 무엇인지 찾아 써 보세요.

_____

3 이 글에서 설명하고 있지 <u>않은</u> 것은 무엇인가요?

① 그네의 어원   ② 그네의 역사

③ 그네의 종류   ④ 그네를 즐기는 사람

⑤ 그네를 만드는 방법

4 이 글의 내용을 <u>잘못</u> 이해하고 있는 사람은 누구인가요?

① 정아: 단옷날에 그네뛰기를 하였다.

② 민석: 조선 시대에만 그네뛰기가 없었다.

③ 현우: 고려 시대에 귀족들도 그네뛰기를 즐겼다.

④ 정우: 고려 시대에 많은 종류의 그네뛰기가 있었다.

⑤ 지민: 그네를 뛰는 방법에 따라 여러 가지 이름이 있었다.

5 다음 빈칸에 알맞은 낱말을 이 글에서 찾아 써넣으세요.

• 그네를 뛰는 방법에는 여러 가지가 있는데, 혼자 뛰면 (   ),
  둘이 마주 보며 뛰면 (   ) 또는 (   )라고 합니다.
  옆으로 나란히 서서 한 손으로는 짝의 허리를 끼고 또 한 손으로는 그넷
  줄을 쥐고 뛰면 (   )라고 합니다.

● 다음 글을 읽고 물음에 답해 보세요.

우리의 민속놀이 ❺

다음은 씨름에 대해 알아보겠습니다.

씨름은 먼 옛날부터 행해져 온 우리 겨레의 고유한 민속놀이입니다. ㉠고구려의 옛 무덤에는 씨름하는 모습의 벽화가 그려져 있습니다. 이것으로 보아, 씨름은 고구려 때나 그 이전부터 시작되었을 것으로 짐작됩니다. 고구려에서 부족 간의 경기 종목의 하나로 성행하였던 씨름은 고려를 거쳐 조선 시대로 이어져 발전하였으며, 세종 대왕도 군사들의 씨름 경기를 보며 ㉡즐거워했다고 합니다. 이처럼 오랫동안 널리 행해졌던 씨름은 우리의 민속놀이로 장려되고 발전하여 왔습니다.

씨름에는 왼씨름, 오른씨름, 띠씨름의 세 가지 종류가 있었습니다. 왼씨름은 샅바를 오른쪽 다리에 걸고 오른쪽 어깨를 마주 대고 하는 것이고, 오른씨름은 샅바를 왼쪽 다리에 걸고 왼쪽 어깨를 마주 대고 하는 것입니다. 띠씨름은 허리에다 띠를 매고 그것을 잡고 하는 씨름입니다. 그러나 오늘날에는 오른씨름 하나로 통일되었으며 명칭도 '바른씨름'이라고 바뀌었습니다.

왼씨름　　　　　오른씨름　　　　　띠씨름

1 글 ⑤는 무엇에 대한 설명글인가요?

① 그네   ② 씨름   ③ 추석   ④ 윷놀이   ⑤ 고구려

2 ㉠으로 보아 짐작할 수 있는 사실은 무엇인가요?

_____

3 ㉡으로 짐작할 수 없는 것은 무엇인가요?

① 책에서 본 사실이다.   ② 예전에 있었던 일이다.

③ 선생님께 배운 사실이다.   ④ 직접 경험한 사실이다.

⑤ 누군가에게 들은 이야기이다.

4 씨름의 명칭은 어떻게 바뀌었는지 표를 완성해 보세요.

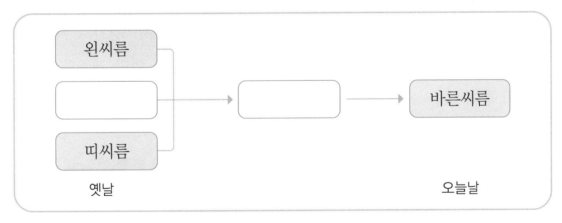

5 씨름을 왼씨름, 오른씨름, 띠씨름으로 나눈 기준은 무엇인가요?

① 샅바의 길이   ② 샅바와 다리 위치

③ 샅바와 발의 위치   ④ 샅바와 어깨의 위치

⑤ 다리 모양과 어깨 위치

● 다음 글을 읽고 물음에 답해 보세요.

우리의 민속놀이 ❻

씨름은 두 사람이 상대방의 샅바를 잡고 승부를 겨루는 경기로, 먼저 넘어지거나 손이나 무릎이 땅에 먼저 닿으면 경기에서 집니다.

㉠씨름은 서로 샅바를 걸어 잡은 채 겨루는 경기이기 때문에 배지기, 뒤집기, 잡채기, 다리 걸기 등 여러 가지 기술이 많이 발달했던 것입니다.

씨름은 단오와 추석뿐만 아니라 농한기에도 성행하였습니다. 씨름판에서 맨 마지막으로 이기는 것을 '판막음' 또는 '판막이'라고 합니다. 판막음을 한 사람에게는 흔히 황소 한 마리를 상으로 주었습니다.

이와 같이 우리 겨레가 오랫동안 즐겨 오던 씨름은 한때 일제에 의해 억압받기도 했습니다. 그러나 오늘날, 씨름은 운동 경기의 하나로 채택되어 널리 보급되었습니다. 우리는 우리 겨레의 얼과 재주와 기상이 담겨 있는 이 씨름을 더욱 아끼고 사랑하여, 세계적인 운동 경기로 발전시켜 나가야 할 것입니다.

1 ㉠을 원인과 결과를 나타내는 문장으로 각각 구분지어 써 보세요.

(1) 원인: _____

(2) 결과: _____

2 다음 중 씨름과 관련 있는 낱말이 아닌 것은 무엇인가요?

① 단오   ② 추석   ③ 농한기

④ 농번기   ⑤ 판막음

3 다음 빈칸에 알맞은 낱말을 이 글에서 찾아 써 보세요.

> • 우리는 우리 겨레의 (   )과 (   )와 (   )이 담
> 겨 있는 씨름을 더욱 아끼고 사랑해야 할 것이다.

4 다음 중 씨름의 기술에 속하지 않는 것은 무엇인가요?

① 배지기   ② 뒤집기   ③ 잡채기

④ 때리기   ⑤ 다리 걸기

심화 학습

5 글쓴이는 씨름을 위해서 앞으로 할 일이 무엇이라고 했나요?

_____

_____

● 다음 글을 읽고 물음에 답해 보세요.

동화

아버지의 지혜 ①

　어느 시골 마을에 농부가 살고 있었습니다. 그 농부에게는 다섯 명의 아들이 있었습니다. 그런데 다섯 아들들은 매일 싸움만 했습니다. 농부는 ㉠이것이 자나깨나 늘 걱정이었습니다.

　'형제들이 서로 우애 있게 지내야 하는데㉡…….'

　농부는 자식들을 불러 매일 타일렀습니다.

　"이 세상에 형제처럼 가깝고 소중한 것은 없단다. 그러니 서로 싸우지 말고 제발 우애 있게 지내거라."

　하지만 형제들은 도무지 아버지의 말을 듣지 않았습니다. 형은 형대로 동생들은 동생들대로 서로 자기의 의견만을 앞세우기에 싸움이 ㉢그칠 날이 없었습니다.

1 ㉠이 가리키는 것은 무엇인가요?

_____

2 ㉡의 생략된 부분에 들어갈 적당한 말을 써 보세요

_____

3 이 글과 어울리는 속담은 무엇인가요?
① 식은 죽 먹기
② 호랑이도 제 말 하면 온다
③ 닭 잡아먹고 오리 발 내놓기
④ 원숭이도 나무에서 떨어진다
⑤ 가지 많은 나무에 바람 잘 날이 없다

4 형제 사이의 두터운 정을 무엇이라고 하는지 이 글에서 찾아 쓰세요.

_____

5 같은 부모를 가진 형과 아우를 '형제'라고 합니다. 그러면 같은 부모를 가진 언니
와 여동생을 무엇이라고 할까요?

_____

6 ㉢을 국어사전에서 찾으려면 어떤 형태로 찾아야 할지 기본형을 쓰세요.

_____

○ 다음 글을 읽고 물음에 답해 보세요.

아버지의 지혜 ②

'참으로 큰일 났군. 이러다가 내가 죽기라도 한다면 집안이 엉망이겠구나. 장차 이 일을 어찌할꼬?'

농부는 ㉠오로지 자식들이 사이좋게 지내기를 바라는 마음뿐이었습니다.

그러던 어느 날, 농부에게 좋은 생각이 떠올랐습니다.

농부는 다섯 아들을 한자리에 불러 앉혔습니다. 아들들은 ㉡그날도 서로 큰 소리로 싸움을 하고 있었습니다.

"그만두지 못하겠니?"

"형이 먼저 잘못했다고요."

"아니에요. 동생이 먼저 저한테 ㉢약을 올렸단 말이에요."

아들들은 아버지가 ㉣시시비비를 따지려고 부른 것인 줄 알고 서로 자기가 잘했다고 큰 소리로 떠들었습니다.

🔍 **시시비비**: 여러 가지의 잘한 것과 잘못한 것.

1 ㉠과 바꾸어 쓸 수 있는 말은 무엇인가요?

① 비록   ② 오직   ③ 반드시

④ 하물며   ⑤ 아무튼

2 농부가 매일매일 바란 것은 무엇인가요?

① 부자가 되는 것   ② 농사가 잘되는 것

③ 아내를 맞이하는 것   ④ 자식들이 사이좋게 지내는 것

⑤ 나라에서 벼슬길에 다시 불러 주는 것

3 ㉡은 어떤 날을 말하나요?

① 원님 앞에 끌려간 날   ② 아버지가 돌아가신 날

③ 아버지가 병이 나신 날   ④ 아버지가 아들들을 부르신 날

⑤ 아들들이 서로 사이좋게 지낸 날

4 밑줄 친 낱말이 ㉢과 같은 뜻으로 쓰인 문장은 무엇인가요?

① 입에 쓴 약이 몸에 좋다.

② 나는 약 한 시간 동안 걸었다.

③ 약수물을 받으러 약수터에 갔었다.

④ 잔뜩 약이 오른 사자는 생쥐를 잡아먹어 버렸다.

⑤ 할머니께서 편찮으셔서 약을 사러 약국에 갔었다.

5 ㉣의 앞뒤 내용으로 보아 ㉣의 뜻은 무엇일까요?

① 아래위   ② 옳고 그름.   ③ 많고 적음.

④ 크고 작음.   ⑤ 높고 낮음.

◉ 다음 글을 읽고 물음에 답해 보세요.

아버지의 지혜 ③

"조용히 못 하겠니? 내 오늘은 너희들의 잘잘못을 따지려는 게 아니다."

아버지는 큰아들에게 밖에 나가 마루에 있는 싸리나무 다발을 가지고 들어오라고 하셨습니다.

아들들은 이상하게 생각하고는 싸리나무 다발을 쳐다보았습니다. 싸리나무 다발은 가는 가지 수십 개를 한 다발로 묶은 것이었습니다.

아버지는 먼저 큰아들에게 싸리나무 다발을 꺾어 보라고 하였습니다.

"아버지, 이걸 어떻게 꺾는단 말이에요?"

큰아들은 아버지가 제정신이 아니라는 듯 쳐다보며 말했습니다.

"그래, 힘들 게다. 그래도 한번 꺾어 보아라."

아버지가 재촉을 하자 큰아들은 싸리나무 다발을 받아서 있는 힘을 다해 꺾어 보려고 했습니다. (㉠) 싸리나무 다발은 꺾어지기는커녕 휘어지지도 않았습니다.

1 꽃이나 나뭇가지 따위의 묶음을 세는 단위는 무엇인가요?
   ① 포기   ② 자루   ③ 그루   ④ 다발   ⑤ 움큼

2 아버지가 마루에 놓아둔 것은 무엇이었나요?
   ① 볏단 묶음   ② 통나무 묶음   ③ 보릿단 묶음
   ④ 대나무 다발   ⑤ 싸리나무 다발

3 ㉠에 들어갈 이어 주는 말로 알맞은 것은 무엇인가요?
   ① 그래서   ② 그리고   ③ 그러나
   ④ 그러므로   ⑤ 왜냐하면

4 다음 보기와 같이 문장을 바꾸어 써 보세요.

   > 보기 아버지는 아들들에게 싸리나무를 주었습니다.
   >   → 아들들에게 싸리나무를 준 사람은 바로 아버지였습니다.

   • 동생은 형에게 잘못을 빌었습니다.

     → _____

5 다음 빈칸에 알맞은 낱말을 이 글에서 찾아 써넣으세요.

   • 아버지는 먼저 큰아들에게 (   ) 다발을 (   ) 보라고
     하였습니다.

● 다음 글을 읽고 물음에 답해 보세요.

아버지의 지혜 ④

"이번에는 둘째가 해 보거라."

아버지는 둘째 아들에게도 똑같이 싸리나무를 부러뜨려 보라고 시켰습니다.

그러나 둘째 아들 역시 땀만 ㉠뻘뻘 흘릴 뿐 싸리나무 다발을 부러뜨리지 못했습니다.

"셋째야, 다음은 네가 해 보거라."

"저도요? 형들도 못 하는데 제가 어떻게 해요?"

"어서 해 보라니까."

셋째 아들 역시 있는 힘껏 싸리나무를 꺾으려고 해 보았지만 싸리나무 다발은 꿈쩍도 하지 않았습니다.

"넷째야, 다음은 네 차례다."

평소에 힘이 세다고 자랑을 하던 넷째는 형들을 향해 거드름을 피우며 싸리나무를 들었습니다.

🔍 **거드름**: 거만스러운 태도.

㉠'뻘뻘'을 넣어 짧은 글을 지어 보세요.

_____

_____

○ 다음 글을 읽고 물음에 답해 보세요.

> **아버지의 지혜 ⑤**
>
> "이얏."
>
> 넷째는 얼굴이 빨갛게 될 때까지 힘을 주었습니다. 그러나 싸리나무 다발을 꺾지는 못했습니다.
>
> "이번엔 막내 네가 해 보거라."
>
> 막내아들은 넷째 형도 싸리나무를 못 꺾는 것을 보고 지레 겁을 먹고는 싸리나무에 손도 대지 않으려고 했습니다.
>
> 아버지는 빙그레 미소를 지었습니다. 그러고는 아들들을 한 번 휙 둘러보았습니다.
>
> "아버지 대체 이 싸리나무 다발을 왜 손으로 꺾으라고 하시는 거예요? 그냥 도끼로 한 번 찍으면 부러질 텐데요."
>
> 넷째 아들이 잔뜩 속이 상해 볼멘소리를 했습니다.
>
> 아버지는 잠자코 아들들을 둘러보았습니다.

1 성이 나서 퉁명스럽게 하는 말투를 무엇이라고 하는지 이 글에서 찾아 쓰세요.

_____

2 다섯 아들이 싸리나무 다발을 꺾지 못한 까닭은 무엇일까요?

_____

◉ 다음 글을 읽고 물음에 답해 보세요.

아버지의 지혜 ⑥

아들들은 아버지가 대체 왜 그러시나 싶어 ㉠물끄러미 아버지를 바라보았습니다.

아버지는 입가에 웃음을 띤 채 싸리나무 다발을 풀었습니다. 그러고는 싸리나무 가지를 한 개씩 다섯 형제에게 나누어 주었습니다.

"자, 이번에는 싸리나무를 한 개씩 꺾어 보거라."

아버지는 찬찬히 말했습니다.

"에이, 아버지는 우리를 바보로 아시나 봐. 아까 한 다발을 못 꺾었다고 이것도 못 꺾을 거라고 생각하시는 거예요?"

"맞아요, 이런 건 어린애도 꺾을 수 있다고요."

"그래, 그러니 어서 꺾어 보라니까."

🔍 **물끄러미**: 별로 주의하지 않고 멍하니 바라보는 모양.

1 아버지께서 싸리나무 다발을 다섯 형제에게 주면서 꺾어 보라고 했을 때 다섯 형제들이 어떻게 했는지 알맞게 이어 보세요.

(1) 첫째 아들 •

(2) 둘째 아들 •

(3) 셋째 아들 •

(4) 넷째 아들 •

(5) 다섯째 아들 •

• ㉮ 얼굴이 빨갛게 될 때까지 힘을 줌.

• ㉯ 있는 힘을 다해서 꺾어 보려고 함.

• ㉰ 땀만 뻘뻘 흘릴 뿐 부러뜨리지 못함.

• ㉱ 겁에 질려서 싸리나무에 손도 대지 못했음.

• ㉲ 힘껏 꺾으려 했지만 꿈쩍도 하지 않음.

2 ㉠'물끄러미'의 뜻을 알고 그 뜻이 잘 드러나도록 짧은 글을 지어 보세요.

_____

3 다음 빈칸에 알맞은 낱말을 이 글에서 찾아 써넣으세요.

• 아버지는 입가에 (   )을 띤 채 (   ) 다발을 풀었습니다. 그러고는 싸리나무 가지를 한 개씩 (   )에게 나누어 주었습니다.

● 다음 글을 읽고 물음에 답해 보세요.

아버지의 지혜 ❼

아버지의 말에 아들들은 싸리나무 가지를 꺾었습니다.

"뚜둑!"

아들들의 손아귀에 있던 싸리나무들이 힘없이 뚝 부러졌습니다.

그러자 아버지는 다섯 아들을 바라보며 말했습니다.

"이제부터 잘 들거라. 너희들이 힘을 합쳐서 서로 돕고 살아간다면 한 묶음의 싸리나무처럼 어느 누구도 너희를 꺾지 못할 것이다. 하지만 너희가 서로 다투고 미워하면서 마음을 합치지 않으면 너희들은 각각의 싸리나무 가지처럼 될 것이다. 그러니 형제간에 서로 돕고 우애 있게 지내야 한다."

아버지의 말을 듣자 형제들은 모두 고개를 끄덕였습니다.

그 일이 있은 뒤 아들들은 아버지의 말씀도 잘 듣고 형제들끼리 아끼고 사랑하며 잘 살았답니다.

Ⅰ 이 이야기를 통해 배워야 할 교훈은 무엇인가요?

① 부모님을 공경하자.   ② 욕심을 부리지 말자.

③ 맡은 일에 최선을 다하자.   ④ 과식과 편식을 하지 말자.

⑤ 형제간에 우애 있게 지내자.

2 이 글은 어떤 아이들에게 들려주면 좋을까요?

_____

심화 학습

3 동화 「아버지의 지혜」를 읽고 줄거리와 느낀 점을 써 보세요.

_____
_____
_____
_____
_____
_____
_____
_____
_____
_____
_____

논술 기초 : 비유하여 쓰기

다음 보기 처럼 알맞은 표현을 넣어 문장을 완성해 보세요.

> 보기 내 동생은 뚱뚱하다.
> → 내 동생은 <u>항아리</u>처럼 뚱뚱하다.

1 우리 선생님은 빛나는 눈동자를 가지고 계신다.
→ 우리 선생님은 ＿＿＿＿＿＿＿＿처럼 빛나는 눈동자를 가지고 계신다.

2 키우던 강아지가 죽자 내 동생은 눈물을 쏟았다.
→ 키우던 강아지가 죽자 내 동생은 ＿＿＿＿＿＿＿처럼 눈물을 쏟았다.

3 빨간 입술로 노래를 부르는 모습이 귀여웠다.
→ ＿＿＿＿＿＿＿같이 빨간 입술로 노래를 부르는 모습이 귀여웠다.

4 내 얼굴은 둥글다.
→ 내 얼굴은 ＿＿＿＿＿＿＿같이 둥글다.

5 우리 엄마는 날씬하다.
→ 우리 엄마는 ＿＿＿＿＿＿＿처럼 날씬하다.

6 로아는 느리다.
→ 로아는 ＿＿＿＿＿＿＿처럼 느리다.

7 예쁜 옷을 입고 _____ 처럼 피아노를 친다.

8 등에 짊어진 짐이 _____ 처럼 무겁습니다.

9 아지랑이가 _____ 처럼 올라갑니다.

10 자전거가 _____ 처럼 달립니다.

11 구름이 _____ 처럼 흘러갑니다.

12 착한 소녀가 _____ 처럼 할머니를 간호합니다.

13 밖에서 놀다 들어온 동생은 _____ 처럼 얼어 있었다.

14 우리 엄마는 _____ 처럼 순진하십니다.

15 날개를 달고 _____ 처럼 날고 싶습니다.

16 제발 _____ 처럼 미련하게 굴지 말아라.

◉ 다음 빈칸에 알맞은 낱말을 보기 에서 찾아 문장을 완성해 보세요.

보기 꾀꼬리 바람 찐빵 고목나무 돼지 공주 전봇대 눈 홍당무

I 연주회날 예쁜 드레스를 입은 동생이 마치 _____처럼 예뻤다.

2 집 앞을 쌩하고 지나가는 자전거는 마치 _____처럼 빨랐다.

3 텔레비전에 나온 농구 선수는 마치 _____처럼 키가 컸다.

4 내 짝꿍은 마치 _____처럼 노래를 잘한다.

5 달리기를 하고 나자 내 얼굴은 _____처럼 빨개졌다.

6 내가 만든 송편은 마치 _____처럼 커다랗다.

7 이서는 배가 너무 고파서 _____처럼 먹는다.

8 벚꽃이 _____처럼 하얗게 내린다.

9 할머니의 손은 _____처럼 거칠어져 있었다.

● 소리를 흉내 내는 말

◯ 다음 문장을 읽고 상황에 알맞은 소리를 흉내 내는 말을 [보기]에서 찾아 써 보세요.

> [보기]   후드득   콸콸   푸드덕푸드덕   뽀드득   꼬꼬댁   보글보글
>
> 찰칵찰칵   뚜벅뚜벅   삐거덕삐거덕

1 봄이 되자 활짝 핀 꽃들 사이로 _____ 사진 찍는 소리가 들려옵니다.

2 숲속 낡은 집에 들어가려면 _____ 소리 나는 문을 들어가야만 합니다.

3 공원에서 먹이를 먹던 비둘기가 갑자기 _____ 날아올랐습니다.

4 문밖에서 누군가 _____ 걸어오는 발소리가 들렸습니다.

5 부엌을 깨끗이 청소하자 싱크대에서 _____ 소리가 났습니다.

6 창문 밖으로 비가 오기 시작하는지 _____ 소리가 났습니다.

7 새벽이 되면 닭장 속의 닭들이 _____ 울기 시작합니다.

8 어머니께서 찌개를 _____ 끓이고 계십니다.

9 수도꼭지에서 물이 _____ 소리를 내며 쏟아집니다.

다음 문장을 읽고 상황에 알맞은 소리를 흉내 내는 말을 보기에서 찾아 써 보세요.

보기				
아삭아삭	개굴개굴	드르렁드르렁	철썩철썩	또각또각
구구	쿵쾅쿵쾅	첨벙첨벙	빵빵	

1 아버지께서 코를 ______________ 골며 주무십니다.

2 윗층 아이들이 ______________ 뛸 때마다 천장이 무너질 것 같습니다.

3 사과를 먹을 때면 ______________ 소리에 기분이 좋아집니다.

4 푸른 파도가 ______________ 바위를 때립니다.

5 고모는 굽이 높은 구두를 신고 ______________ 걷는 것을 좋아합니다.

6 수영장에 도착하자마자 아이들은 물속으로 ______________ 뛰어듭니다.

7 연꽃 위에서 개구리가 ______________ 노래를 부르고 있다.

8 버스 기사 아저씨가 ______________ 경적을 울립니다.

9 공원의 비둘기들이 ______________ 웁니다.

기탄국어

학습 관리표

	1일	2일	3일	4일	5일	이번 주는?
금주평가	Ⓐ 아주 잘함	Ⓐ 아주 잘함	Ⓐ 아주 잘함	Ⓐ 아주 잘함	Ⓐ 아주 잘함	• 학습 방법 ❶ 매일매일 ❷ 가끔 ❸ 한꺼번에 하였습니다.
	Ⓑ 잘함	Ⓑ 잘함	Ⓑ 잘함	Ⓑ 잘함	Ⓑ 잘함	• 학습 태도 ❶ 스스로 잘 ❷ 시켜서 억지로 하였습니다.
	Ⓒ 보통	Ⓒ 보통	Ⓒ 보통	Ⓒ 보통	Ⓒ 보통	• 학습 흥미 ❶ 재미있게 ❷ 싫증 내며 하였습니다.
	Ⓓ 부족함	Ⓓ 부족함	Ⓓ 부족함	Ⓓ 부족함	Ⓓ 부족함	• 교재 내용 ❶ 적합하다고 ❷ 어렵다고 ❸ 쉽다고 하였습니다.

지도 교사가 부모님께	부모님이 지도 교사께

종합 평가	Ⓐ 아주 잘함	Ⓑ 잘함	Ⓒ 보통	Ⓓ 노력해야 함

원   반   이름
교

기초부터 탄탄하게
Ｇ 기탄교육

학습 내용

H단계 41a-60b

	교재번호	내용	분류
1일	41a~45a	• 떡볶이 • 서율이의 일기 • 『치와와 여우 꼬리』를 읽고 I	동시 일기 독서 감상문
2일	45b~49a	• 『치와와 여우 꼬리』를 읽고 II • 윤서의 편지 • 유관순 I	독서 감상문 초청 편지 전기문
3일	49b~53a	• 유관순 II	전기문
4일	53b~57a	• 쓰레기를 줄이자 • 이어 주는 말 I	논설문 문법
5일	57b~60b	• 이어 주는 말 II • 소개하는 글 쓰기	문법 논술 한마당

공부한 날   월   일

● 다음 동시를 읽고 물음에 답해 보세요.

동시

떡볶이

떡볶이를 먹으니
㉠혓바닥이 얼얼하다.

입 속이 화끈화끈
㉡불이 난 것 같다.

물을 마시니 시원하다.
불이 꺼지나 ㉢보다.

짜임: 3연 6행
중심 글감: 떡볶이
중심 생각: 떡볶이의 매운 맛

1 이 동시의 글감은 무엇인가요?

_____

2 이 동시의 중심 생각은 무엇인가요?
① 불 끄기   ② 물 마시기   ③ 떡볶이 재료
④ 떡볶이 만들기   ⑤ 떡볶이의 매운 맛

3 ㉠과 같은 형식으로 'ㅅ'이 쓰인 낱말이 <u>아닌</u> 것은 무엇인가요?
① 깃털   ② 제삿날   ③ 바닷물
④ 부잣집   ⑤ 나뭇잎

4 이 동시는 모두 몇 연으로 되어 있나요?
① 1연   ② 2연   ③ 3연   ④ 4연   ⑤ 5연

5 떡볶이를 먹고 난 후에 어떤 느낌이 들었나요?

_____

6 ㉡과 같이 생각하게 된 이유는 무엇일까요?
① 연기가 나서   ② 너무 매워서   ③ 너무 더워서
④ 소방차가 와서   ⑤ 주위가 밝아져서

7 밑줄 그은 낱말이 ⓒ의 '보다'와 그 쓰임이 같은 것은 무엇인가요?

① 사과보다 배가 더 좋아요.

② 하늘을 보니 비가 오려나 보다.

③ 나를 그런 사람으로 보다니, 정말 섭섭하다.

④ 저 푸른 바다 위에 떠 있는 흰 구름을 보아라.

⑤ 식탁 위에 있는 찌개를 먹어 보니 맛이 좋았다.

8 '화끈화끈'을 넣어 짧은 글을 지어 보세요.

_____

심화 학습

9 이 시와 같이 '짜장면'을 먹고 난 후의 느낌을 시로 표현해 보세요.

짜장면을 먹으니

● 다음 글을 읽고 물음에 답해 보세요.

일기

서율이의 일기

20△△년 7월 29일 토요일 맑음

　나는 책장에서 『안네의 일기』라는 책을 보았다. 누나가 전에 이 책을 읽고 무척 재미있고 감동적이라고 한 말이 생각났다. 그래서 나도 책을 읽어 보기로 했다.

　안네는 가족들과 평화롭게 살고 있던 유태인 여자아이였다. 그런데 그 시기는 히틀러라는 독일의 나쁜 사람이 유태인을 모두 잡아가 괴롭히던 시기였다. 그래서 안네와 가족은 히틀러의 군대를 피해 숨어서 살아야 했다.

　안네는 이렇게 무섭고 어려운 환경 속에서도 희망을 잃지 않고 꿋꿋하게 버틴 용감한 소녀였다.

　안네가 쓴 일기를 엮은 이 책은 독일이라는 나라가 저지른 슬픈 일에 대해 알게 해 주었고, 전쟁이 얼마나 무서운지 느끼게 해 주었다. ㉠우리나라에서도 전쟁이 일어났을 때 너무 무서웠을 것 같다.

　『안네의 일기』를 읽고 나서 지금 내가 얼마나 행복하게 살고 있는지 알게 되었다. 그리고 사람들이 서로를 해치는 전쟁이 다시는 일어나지 않았으면 좋겠다.

1 이 일기와 비슷한 종류의 글은 무엇인가요?
　① 극본　　　　　　② 설명문　　　　　　③ 기행문
　④ 관찰 기록문　　　⑤ 독서 감상문

2 책을 읽게 된 동기는 무엇인가요?
　① 친구가 권해서　　　　　　② 부모님의 권유로
　③ 누나의 말이 생각나서　　　④ 표지가 마음에 들어서
　⑤ 선생님께서 숙제를 내 주셔서

3 ㉠의 예로 떠오르는 것을 써 보세요.

_____

4 다음 중 안네에 대한 설명으로 맞지 <u>않는</u> 것은 무엇인가요?
　① 어려운 환경 속에서도 꿋꿋하게 버텼다.
　② 히틀러의 군대를 피해 숨어 지내야 했다.
　③ 다락방에 숨어 지내며 쓴 일기를 남겼다.
　④ 용기와 희망을 잃지 않은 용감한 소녀였다.
　⑤ 가족들과 평화롭게 살고 있던 독일인 소녀였다.

심화 학습
5 책을 읽고 난 후 갖게 된 서율이의 바람은 무엇인가요?

_____

_____

● 다음 글을 읽고 물음에 답해 보세요.

『치와와 여우 꼬리』를 읽고 ❶

생일 선물로 『치와와 여우 꼬리』라는 책을 받았다. 이 책의 내용은 지난번에 내가 읽었던 『별난 초등학교』와 비슷했다.

㉠이 책에는 진우라는 엄마 없는 아이와 치와와라는 별명을 가진 선생님의 아름다운 사랑 이야기가 담겨 있고, 아이들의 따뜻한 우정 이야기가 나온다.

치와와 선생님은 불치병을 가진 선생님이시다. 치와와 선생님의 이름은 금빛나인데, 매우 재미있는 분이시다. 선생님은 오래 사는 것만이 중요한 건 아니라며 남은 시간 동안 아이들을 열심히 가르쳐서 보람 있는 생활을 하다가 죽을 것이라고 다짐하고 꿋꿋하게 사신다.

그리고 진우는 자신이 ㉡고아라는 이유로 송하를 좋아하는 것을 감추고 지낸다.

1 다음 중 글쓴이가 이 책을 읽게 된 동기는 무엇인가요?
① 생일 선물로 받았기 때문에
② 학원에서 책을 받았기 때문에
③ 학교에서 숙제로 내 주었기 때문에
④ 어머니께서 독후감을 쓰라고 하셨기 때문에
⑤ 글짓기 대회에 독후감을 보내야 했기 때문에

2 ㉠이 가리키는 것을 찾아 쓰세요.

_____

3 글쓴이가 읽은 책에는 어떤 이야기가 나오는지 맞는 것을 모두 고르세요.
① 아이들의 우정 이야기　　　② 진우와 가족의 사랑 이야기
③ 선생님과 진우의 사랑 이야기　　　④ 아이들과 진우의 발명 이야기
⑤ 선생님과 아이들의 노래 이야기

4 진우가 송하를 좋아하는 것을 감췄던 까닭은 무엇인가요?

_____

5 이 글에서 '고치지 못하는 병.'이라는 뜻을 가진 낱말을 찾아 쓰세요.

_____

6 금빛나 선생님의 성격으로 바른 것을 모두 고르세요.
① 과격하다.　　　② 게으르다.　　　③ 재미있다.
④ 겁이 많다.　　　⑤ 꿋꿋하다.

● 다음 글을 읽고 물음에 답해 보세요.

『치와와 여우 꼬리』를 읽고 ❷

금빛나 선생님은 진우의 불우한 가정 환경을 보며 진우를 동생으로 삼고 싶어 하지만, 진우가 싫다며 선생님을 멀리해서 매우 슬퍼하시기도 한다.

이 책에서 기억에 남는 장면이 몇 가지 있다.

진우는 동생 진수가 맞는 것을 보고 진수를 때리는 아이를 때렸다. 그래서 진우는 그 아이의 담임 선생님께 불려 가서 심하게 야단을 맞는다. 그러자 ㉠그 광경을 본 금빛나 선생님이 참지 못하고 그 선생님에게 큰 소리로 화를 내신 것이다.

나는 금빛나 선생님의 행동을 상상해 보았다. 금빛나 선생님은 정말 용감하고 반 아이들을 너무나 사랑하시는 것 같았다.

내게도 그런 선생님이 한 분 계셨다. 3학년 때 선생님이신데 공부뿐만 아니라 생활에 도움이 되는 상식과 사람 됨됨이를 바로잡아 주신 분이었다. 나는 이런 훌륭한 선생님께 배운 것이 (㉡) 자랑스러운 생각이 들었다. 그리고 나도 금빛나 선생님처럼 훌륭한 선생님이 되고 싶어졌다.

┃ 다음 빈칸에 알맞은 낱말을 이 글에서 찾아 써넣으세요.

• 3학년 때 선생님께서는 (   )뿐만 아니라 생활에 도움이 되는 (   )과 (   )를 바로잡아 주신 분이었다.

2 [보기] 속의 상황에 어울리는 속담은 무엇인가요?

> [보기] 진우 동생 진수가 맞음.
> → 진수를 때리는 아이를 진우가 때림.
> → 그 아이의 선생님이 진우를 야단침.
> → 금빛나 선생님이 진우를 야단치지 말라고 하심.

① 뚝배기보다 장맛이 좋다   ② 팔이 안으로 굽지 밖으로 굽나
③ 구슬이 서 말이라도 꿰어야 보배   ④ 양지가 음지되고 음지가 양지된다
⑤ 콩 심은 데 콩 나고 팥 심은 데 팥 난다

3 ㉠이 가리키는 것은 무엇인가요?

＿＿＿＿＿＿＿＿＿＿＿＿＿＿＿＿＿＿＿＿＿＿＿＿＿＿

4 글쓴이가 금빛나 선생님의 행동을 보고 느낀 점은 무엇인가요?

＿＿＿＿＿＿＿＿＿＿＿＿＿＿＿＿＿＿＿＿＿＿＿＿＿＿

5 글쓴이는 어떤 선생님이 훌륭하다고 생각하는지 다음 중에서 골라 보세요.
① 불우한 학생을 차별하는 선생님
② 언제나 아이들을 사랑하는 선생님
③ 공부를 가장 중요하게 생각하는 선생님
④ 아이의 자존심에는 관심이 없는 선생님
⑤ 아이들을 동정한다고 떠들고 다니는 선생님

6 ㉡에 들어갈 알맞은 말은 무엇일까요?
① 한번   ② 문득   ③ 마치   ④ 비록   ⑤ 아무쪼록

◉ 다음 글을 읽고 물음에 답해 보세요.

『치와와 여우 꼬리』를 읽고 ❸

　　그런데 선생님이 자기를 동정한다며 진우가 자존심이 상해서 선생님의 진심을 알지 못했을 때는 무척 답답했다. 나 같으면 그 선생님의 마음에 감동하여 안겨서 엉엉 울었을지도 모른다. 하지만 진우도 결국에는 금빛나 선생님과 송하를 통해 아름다운 사랑을 ㉠깨닫게 된다. 그리고 이 세상에는 자기 혼자만 있는 게 아니라는 걸 깨닫고 점점 밝은 아이가 되어 간다.

　　마지막에 금빛나 선생님이 돌아가실 때, 진우는 지금까지 자기가 선생님을 좋아했었다는 것을 알고는 슬프게 운다.

　　나는 금빛나 선생님이 참 위대해 보였다. 헬렌켈러의 선생님이었던 설리번 선생님도 그랬듯이 금빛나 선생님도 진우의 인생을 어둠에서 밝음으로 바꾸어 주신 훌륭한 선생님이셨다.

　　선생님은 ㉡비록 병으로 일찍 돌아가셨지만 진우가 선생님의 사랑을 깨달았다는 걸 알고 보람을 느끼며 행복해하셨을 것 같다.

1 진우가 선생님의 진심을 모르고 자존심이 상했던 까닭은 무엇인가요?

2 진우를 변화시킨 것은 무엇이었는지 모두 골라 보세요.
   ① 동생의 눈물   ② 친구들의 편지   ③ 선생님의 사랑
   ④ 송하와의 우정   ⑤ 부모님의 노력

3 선생님과 송하를 통해 진우가 깨달은 것은 무엇인가요?

4 ㉠을 국어사전에서 찾을 때의 기본형은 무엇인가요?
   ① 깨닫게   ② 깨닫는   ③ 깨닫고
   ④ 깨닫다   ⑤ 깨달아

5 ㉡처럼 '비록 ~지만 ~하다'의 표현을 사용해서 짧은 글을 지어 보세요.

6 다음 빈칸에 알맞은 낱말을 이 글에서 찾아 써넣으세요.

   • 헬렌켈러의 선생님이었던 설리번 선생님이 그랬듯이 (   ) 선
     생님도 (   )의 인생을 어둠에서 (   )으로 바꾸어 주신 훌륭
     한 선생님이셨다.

● 다음 글을 읽고 물음에 답해 보세요.

『치와와 여우 꼬리』를 읽고 ④

예전에 아버지께서 해 주신 말씀이 생각난다.

㉠쓰러진 나무가 있으면 세워 주고, 꺾어진 꽃을 보면 보살펴 주어 가며 사는 것이 가치 있는 삶이라는 것이다. 금빛나 선생님은 좀 더 많은 ㉡꽃과 나무를 가꾸고 보살피기 위해 죽는 그 순간까지도 아이들에게 사랑의 말을 남겼다.

책의 끝부분에서 선생님 모습이 그려진 그림에 정훈이가 ×표를 해 놓는 장면이 나온다. 그것을 본 진우는 화가 나서 소리를 지른다. 진우도 선생님을 진심으로 사랑하게 되었기 때문일 것이다.

하늘나라에서 금빛나 선생님이 아직도 진우를 지켜보고 있을 것 같다. 금빛나 선생님이 진우에게 남겨 준 그 용기의 씨앗으로 무럭무럭 자라서 금빛나 선생님처럼 작은 꽃 한 송이라도 피울 수 있는 그런 사람이 되었으면 좋겠다.

나도 금빛나 선생님처럼 가치 있고 아름다운 삶을 살아야겠다.

1 ㉠에서 알 수 있는 교훈은 무엇인가요?

① 자연을 소중히 여기며 살아야 한다.

② 꽃을 꺾어 가며 살아야 보람이 있다.

③ 꽃을 꺾어서 집 안을 예쁘게 장식해야 한다.

④ 나무를 많이 심어서 산을 푸르게 가꾸어야 한다.

⑤ 주위를 항상 둘러보며 나보다 어려운 사람들을 도우며 살아야 한다.

2 ㉡이 가리키는 '꽃과 나무'의 속뜻은 무엇인가요?

① 친구들   ② 아이들   ③ 어른들

④ 동물들   ⑤ 진짜 꽃과 나무

3 선생님의 모습이 그려진 그림에 ×표시를 한 정훈이에게 진우가 화를 낸 까닭은 무엇일까요?

_____

4 정훈이에게 어떤 말을 해 주고 싶은지 대화 글로 써 보세요.

_____

심화 학습

5 이 글을 읽고 여러분이 느낀 점을 써 보세요.

_____

_____

_____

_____

◉ 다음 글을 읽고 물음에 답해 보세요.

초청 편지

윤서의 편지

보고 싶은 하온이에게

하온아, 그동안 잘 있었니?

편지 쓴다고 해 놓고 못 보내 미안하다. 많이 기다렸지?

이번 방학에는 드디어 어머니의 승낙을 얻어 냈어. ㉠보름 동안 네가 우리 집에 와서 지내도 괜찮다고 말씀하셨어.

지난번 편지에 방학이라고 밭에 나가 일을 돕는다고 했었지? 네가 그렇게 바쁘지 않으면 이번 주에 우리 집에 와 주면 좋겠어. 너를 빨리 보고 싶어. 네가 오면 함께 얘기도 나누고, 재미있는 곳도 구경시켜 줄 계획이야. 놀이공원에 한 번도 못 가 봤다고 했지? 우리 삼촌이 놀이공원에서 일하시는데 너와 함께 오면 놀이공원에 있는 놀이 기구를 다 태워 준다고 하셨어. 정말 재밌을 것 같지 않니?

참, 우리 할아버지도 건강하게 잘 계시지? 할아버지 댁 방울이하고도 잘 놀아 주니? 방울이는 나보다 너를 더 좋아하잖아. 하긴 너는 매일 보고 나는 방학 때만 보니까 당연한 거지만 말이야. 그래도 조금 섭섭했거든. 나는 할아버지 댁에 놀러 갔다가 너를 만나게 되어 너무너무 좋았단다.

하온아, 내 편지 받는 대로 부모님께 허락을 받았으면 좋겠어.

그리고 올라오기 전날 꼭 전화해 줘. 내가 기차역으로 마중 나갈게.

그럼 그때까지 안녕!

20△△년 7월 30일

윤서 씀

1 누가 누구에게 쓴 편지인가요?

_____가 _____에게

2 이 편지는 어떤 종류의 편지인가요?

① 주문 편지   ② 안부 편지   ③ 감사 편지

④ 초청 편지   ⑤ 사과 편지

3 ㉠은 며칠을 말하나요?

① 5일   ② 7일   ③ 10일   ④ 15일   ⑤ 30일

4 하온이가 한 번도 가 보지 못한 곳은 다음 중 어디인가요?

① 산   ② 강   ③ 바다   ④ 놀이공원   ⑤ 높은 빌딩

5 편지 내용으로 보아 윤서는 하온이를 어떻게 알게 되었나요?

_____

심화 학습

6 이 편지를 이용해서 멋진 초청장을 만들어 보세요.

(1) 초대하는 말: _____

_____

(2) 받는 사람 : _____

(3) 시간 : _____

(4) 장소 : _____

(5) 보내는 사람 : _____

다음 글을 읽고 물음에 답해 보세요.

전기문

유관순 ①

유관순은 1902년 12월 16일, 지금의 충청남도 천안시 병천면 지령마을에서 태어났습니다.

아버지의 아버지 그 조상 때부터 이 마을에서 살아온 유관순의 아버지는 선견지명이 있는 현명한 선비였습니다. 그는 어린이들과 청소년을 잘 가르쳐야 쓰러져 가는 나라를 바로 세울 수 있다고 생각했습니다. 그래서 어떻게 하면 유관순을 훌륭한 사람으로 키울 수 있을까 궁리한 끝에 유관순에게 신학문을 가르치기로 결심하고 유관순을 서울로 보냈습니다. 그리하여 유관순은 서울 정동에 있는 이화 학당에 입학을 하게 되었습니다. 그때가 1916년이었습니다.

이 무렵, 우리 겨레는 일본에게 나라를 빼앗겨 여러 가지 고난을 겪고 있었습니다. 우리 겨레는 내 나라, 내 땅에서 마음 놓고 살 수조차 없었습니다. 그래서 마침내 온 겨레가 마음을 합하여 일제히 독립을 외치게 되었습니다.

1 이 글은 누구의 삶을 쓴 글인가요?

_____

2 유관순에 대한 설명으로 바르지 <u>않은</u> 것은 무엇인가요?

① 1902년 12월 16일에 태어났다.

② 유관순은 이화 학당 학생이 되었다.

③ 신학문을 배우기 위해 서울로 갔다.

④ 충청남도 천안시 병천면에서 태어났다.

⑤ 유관순이 어릴 때 아버지께서 돌아가셨다.

3 이 글에서 알 수 있는 당시 우리나라의 처지를 찾아 쓰세요.

• 우리 겨레는 (   )에게 나라를 빼앗겨 여러 가지 (   )을 겪고 있었습니다.

4 유관순의 아버지가 유관순을 서울로 보낸 이유는 무엇인가요?

① 유관순의 집이 가난해서

② 온 가족이 서울로 이사를 가서

③ 친척이 서울에서 지내고 있어서

④ 유관순을 훌륭한 사람으로 키우려고

⑤ 유관순이 일본 경찰에 쫓기고 있어서

5 '앞을 내다보고 아는 지혜.'라는 뜻을 가진 한자 성어를 찾아 쓰세요.

_____

● 다음 글을 읽고 물음에 답해 보세요.

유관순 ②

1919년 3월 1일, 서울에서 일어난 독립 만세 운동이 바로 그것입니다.

㉠그날, 유관순도 이화 학당의 친구들과 함께 거리로 나갔습니다. 대한문 앞에는 이미 태극기를 든 남녀노소가 한목소리로 독립 만세를 부르고 있었습니다. 그 광경을 지켜본 유관순은 가슴이 뜨거워졌습니다. 유관순은 얼른 행렬 속으로 들어가 친구들과 함께 대한 독립 만세를 외쳤습니다.

이튿날, ㉡일본은 학생들이 독립 만세 시위에 참가했다는 이유로 학교 문을 강제로 닫게 했습니다. 그래서 기숙사의 모든 학생들이 뿔뿔이 고향으로 흩어지게 되었습니다. 유관순도 어쩔 수 없이 고향 천안으로 돌아왔습니다.

고향으로 돌아온 유관순은 독립 만세를 부를 준비를 하였습니다. 유관순은 사촌 언니와 함께 동지들을 모으고, 독립 만세를 부를 계획을 치밀하게 세웠습니다. 나이 어린 소녀로서는 생각할 수 없을 만큼 놀라운 지혜와 용기로 일을 착착 추진해 나갔습니다.

드디어 만세를 부르기로 약속한 날이 내일로 다가왔습니다. 밤이 되자 유관순은 홰를 가지고 매봉에 올랐습니다. 홰에 불을 붙여 높이 쳐들자 여기저기 다른 산봉우리에서도 횃불이 올랐습니다. 그 횃불들은 동지들 간에 ㉢내일 있을 일을 다짐하는 약속이었습니다.

1 ㉠이 가리키는 시간을 찾아 써 보세요.

_____

2 ㉡의 문장을 원인과 결과로 나누어 써 보세요.

(1) 원인: _____

(2) 결과: _____

3 다음 사건들을 시간 흐름에 따라 순서대로 기호를 쓰세요.

> ㉮ 유관순은 고향 천안으로 돌아왔습니다.
> ㉯ 1902년 12월 16일에 태어났습니다.
> ㉰ 1919년 서울에서 독립 만세 운동을 했습니다.
> ㉱ 1916년 이화 학당에 입학했습니다.
> ㉲ 고향에서 독립 만세를 부를 계획을 세웠습니다.

☐ → ☐ → ☐ → ☐ → ☐

4 ㉢이 뜻하는 '내일 있을 일'이란 무엇을 말하나요?

_____

5 다음 빈칸에 알맞은 낱말을 이 글에서 찾아 써넣으세요.

> • 대한문 앞에는 이미 (   )를 든 남녀노소가 한목소리로
> (   )를 부르고 있었습니다.

● 다음 글을 읽고 물음에 답해 보세요.

유관순 ❸

드디어 약속한 날의 태양이 떠올랐습니다. 그날은 아우내에 장이 서는 날이었습니다. ㉠아침부터 장터에 모여들기 시작한 사람들은 보통 때의 몇 갑절이나 되었습니다. 그들은 물건을 사고팔러 온 장사꾼만은 아니었습니다. 거의가 독립 만세를 부르러 온 사람들이었습니다.

정오가 되자, 유관순은 싸전에 놓인 곡식 가마니 위에 올라서서 큰 소리로 외쳤습니다.

"여러분, 반만 년의 역사를 가진 우리 겨레가 불행하게도 일본에게 나라를 빼앗겼습니다. 이제 나라를 되찾아야 합니다. 지금 전국 방방곡곡에서 모두 일어나 독립을 외치고 있습니다. 여러분, 나라를 되찾아야 합니다. 모두 다함께 만세를 부릅시다. 대한 독립 만세를!"

아우내 장터의 만세 소리가 하늘과 땅을 뒤흔들었습니다. 우렁찬 만세 소리에 깜짝 놀란 일본 경찰이 무장을 하고 달려왔습니다. ㉡그들은 만세를 부르며 전진하는 대열을 총과 칼을 휘두르며 막았습니다.

그러나 태극기의 물결과 함께 사람들의 만세 소리는 계속 퍼져 나갔습니다.

뒤이어 나타난 일본 헌병들은 경찰과 합세하여 마구 총을 쏘고 칼을 휘둘렀습니다. 많은 사람들이 죽고 다쳤습니다. 군중들은 흩어지고, 일본 경찰과 헌병들은 주동자를 찾느라고 온 마을을 ㉢이 잡듯이 뒤졌습니다.

🔍 **방방곡곡**: 한 군데도 빠짐이 없는 모든 곳.

1 ㉠과 같이 사람들이 많이 모여든 까닭은 무엇인가요?

_____

2 이 글의 짜임에 대해 바르게 말한 것은 무엇인가요?
① 생각나는 대로 썼다.
② 시간의 흐름에 따라 썼다.
③ 장소의 변화에 따라 썼다.
④ 등장인물의 변화에 따라 썼다.
⑤ 한 일, 들은 일, 느낀 점의 순서로 썼다.

3 ㉡은 누구를 가리키나요?

_____

4 ㉢은 구체적으로 어떤 의미인가요?
① 살살 뒤졌다.   ② 벼룩을 찾아다녔다.
③ 건성건성 대충 뒤졌다.   ④ 구석구석 샅샅이 뒤졌다.
⑤ 동물들이 있는 곳을 중심으로 뒤졌다.

5 '방방곡곡'의 뜻을 국어사전에서 찾아보고, 그 뜻이 잘 드러나도록 짧은 글을 지어 보세요.
(1) 방방곡곡: _____
(2) 짧은 글: _____

● 다음 글을 읽고 물음에 답해 보세요.

유관순 ④

"저 애를 잡아라. 저 계집애가 주동자다."

유관순은 일본 헌병들에게 붙잡혀 끌려갔습니다. 그리고 ㉠이루 다 말할 수 없는 고문을 당했습니다.

"누가 시킨 짓인지 말을 해라."

㉡"시키기는 누가 시켰단 말이냐? 내가 내 나라를 찾기 위해 독립 만세를 부른 것도 잘못이더냐? 시켰다면 내 마음이 시켰고 내 나라가 시킨 것이다. 너희들은 나를 심문할 자격이 없다. 나는 어엿한 대한의 딸이다. 너희들은 내 나라에 대한 침략을 중단하고 너희 나라로 돌아가라."

일본 헌병대에서 갖은 고문을 받고 나서, 유관순은 공주와 서울에서 재판을 받았습니다. 재판을 받을 때에도 유관순은 조금도 굽히지 않고 당당하게 맞섰습니다. 마침내 3년의 징역형이 내려지고, 유관순은 좁고 어두운 감옥에 갇히고 말았습니다. 그렇지만 우리나라가 독립을 해야만 한다는 유관순의 신념은 그 누구도 꺾을 수 없었습니다.

유관순은 ㉢모진 고문을 당하여 몸이 몹시 쇠약해졌지만 옥중에서도 끝까지 항거하였습니다. 그러다가 1920년, 열아홉의 꽃다운 나이에 숨을 거두었습니다.

유관순의 나라를 사랑하는 마음은 우리 겨레의 가슴속에 남아 자자손손 영원히 이어질 것입니다.

1 ㉠을 다른 표현으로 바꾸어 쓸 때 적당하지 <u>않은</u> 것은 무엇인가요?
   ① 매우 심한   ② 매우 모진
   ③ 말로 할 만큼   ④ 견디기 어려운
   ⑤ 매우 고통스러운

2 ㉡의 밑줄 친 부분을 통해서 알 수 있는 것이 <u>아닌</u> 것은 무엇인가요?
   ① 민족의 긍지   ② 민족의 자존심
   ③ 민족의 나약함   ④ 유관순의 애국심
   ⑤ 독립을 바라는 마음

3 ㉢과 바꾸어 쓸 수 있는 말은 무엇인가요?
   ① 약한   ② 심한   ③ 모난
   ④ 고운   ⑤ 철저한

4 이 글에서 알 수 <u>없는</u> 사실은 무엇인가요?
   ① 유관순의 신념   ② 유관순의 외모
   ③ 유관순의 애국심   ④ 유관순이 받은 핍박
   ⑤ 유관순이 숨을 거둔 때

5 이 글을 읽고 독서 감상문을 쓰려고 합니다. 주인공에 대한 느낌이 드러나도록 독서 감상문의 제목을 써 보세요.

◉ 글의 내용을 생각하며 물음에 답해 보세요.

I 이 글은 어떤 종류의 글인가요?

① 동화   ② 설명문   ③ 전기문   ④ 연설문   ⑤ 논설문

2 다음 중 유관순과 관련 있는 일을 모두 고르세요.

① 일본 천왕에게 폭탄을 던졌다.

② 서울에서 3.1 만세 운동에 참여했다.

③ 군대를 조직하여 일본 군대와 싸웠다.

④ 공부를 마치고 일본으로 유학을 떠났다.

⑤ 천안 아우내 장터에서 만세 운동을 벌였다.

3 이 글은 유관순의 어떤 점을 주로 다루었나요?

① 정직하고 착한 성품

② 뛰어난 글재주와 솜씨

③ 아름다운 목소리와 외모

④ 나라를 되찾으려는 신념과 애국심

⑤ 고향에서 마을 사람들을 위해 한 일

4 유관순의 성격이 아닌 것은 무엇인가요?

① 용감하다.   ② 지혜롭다.   ③ 겁이 많다.

④ 신념이 강하다.   ⑤ 애국심이 강하다.

5 여러분이 유관순의 시대에 태어나 나라를 빼앗겼다면 어떠한 일을 하고 싶나요?

공부한 날　　월　　일

6 유관순에게 일어난 일을 시간의 흐름에 따라 다음 빈 곳에 써 보세요.

(1) 1902년: _____

(2) 1916년: _____

(3) 1919년 서울: _____

(4) 1919년 아우내: _____

(5) 1919년 감옥: _____

(6) 1920년: _____

심화 학습

7 전기문 「유관순」을 읽고 줄거리와, 느낀 점, 교훈을 담아 독서 감상문을 써 보세요.

_____
_____
_____
_____
_____
_____
_____
_____
_____
_____

● 다음 글을 읽고 물음에 답해 보세요.

쓰레기를 줄이자 ❶

요즘 우리나라는 쓰레기 문제로 ㉠<u>몸살을 앓고 있다.</u> 우리들이 무심코 버린 과자 봉지나 음식 쓰레기, 수많은 일회용품들……. ㉡<u>이 모든 것들</u>이 우리의 아름다운 생활 터전인 자연환경을 위협하고 있다. 이러한 쓰레기들로 인해 지금 우리가 기대어 살고 있는 자연환경은 계속 파괴되고 있다.

우리는 ㉢<u>이러한</u> 자연환경을 되살리기 위해 많은 노력을 해야 한다. 그중에서도 우리의 자연환경을 심각하게 훼손시키는 쓰레기 문제를 해결하기 위한 방법을 알아보기로 하겠다.

첫째, 나 한 사람부터 쓰레기를 조금씩 줄여 나가야 한다.

환경부의 조사에 따르면 하루 동안 한 사람이 버리는 쓰레기의 양은 2013년 0.94킬로그램에서 2019년 1.09킬로그램으로 약 16퍼센트가 증가하였다. 생활 폐기물은 주로 우리 생활 속에서 배출되는 쓰레기이므로, 일회용품의 사용을 줄이는 등의 작은 노력만으로도 쓰레기를 줄이는 것에 보탬이 될 수 있다.

다음 빈칸에 알맞은 낱말을 이 글에서 찾아 써넣으세요.

• 우리들이 무심코 버린 과자 봉지나 음식 쓰레기, 수많은 (   )
들이 우리의 생활 터전인 (   )을 위협하고 있다.

2 ㉠에 담긴 뜻으로 알맞지 <u>않은</u> 것은 무엇인가요?

① 고통받고 있다.   ② 병이 들고 있다.

③ 위기에 처해 있다.   ④ 어려움에 처해 있다.

⑤ 기쁨에 술렁이고 있다.

3 ㉡이 가리키는 것은 무엇인지 찾아 쓰세요.

4 이 글은 무엇을 목적으로 쓴 글인가요?

① 자연환경의 아름다움을 노래한 글

② 쓰레기 문제를 경험한 느낌을 적은 생활문

③ 쓰레기를 줄이자는 주장을 하기 위해 쓴 글

④ 쓰레기를 줄이자는 연극을 하기 위해 쓴 글

⑤ 쓰레기 문제의 심각성을 구체적인 예를 들어 설명하는 글

5 ㉢이 가리키는 내용은 무엇인지 써 보세요.

6 다음 빈칸에 들어갈 말이 차례대로 묶인 것은 무엇인가요?

> • 우리나라 국민 한 사람이 버리는 쓰레기의 양은 2013년부터 2019년까지
>   약 (   )퍼센트 (   )하였다.

① 6, 증가   ② 6, 감소   ③ 16, 감소

④ 16, 증가   ⑤ 0, 유지

◯ 다음 글을 읽고 물음에 답해 보세요.

쓰레기를 줄이자 ②

둘째, 음식을 남기지 말아야 한다.

우리나라의 쓰레기 중 음식 쓰레기가 차지하는 비중은 매우 크다. 우리나라에서 음식 쓰레기를 처리하는 데 드는 비용이 연간 7,000억 원이 넘는다고 한다. 식당에서도 음식을 남기는 사람을 적지 않게 볼 수 있다. 또한 우리 가정에서도 음식을 쉽게 남기고, 이렇게 남은 음식은 모두 음식 쓰레기가 된다. 이런 음식 쓰레기 역시 환경을 오염시키는 중요한 원인이 된다.

셋째, 물건을 ㉠구입할 때 한 번 더 생각해야 한다. 물건을 구입하기 전에 그 전에 쓰던 물건을 아직 더 쓸 수 있지는 않은지 살펴보고, 물건을 구입할 때에는 오래 쓸 수 있는 제품을 고르는 것이 좋다.

넷째, 분리배출을 더 철저히 해야 한다. 도자기, 목재, 고기 뼈, 달걀 껍데기나 조개껍데기 등 ㉡재활용할 수 없는 쓰레기를 분리배출 기준을 따르지 않고 대충 버리면 안 된다. 또 재활용할 수 없는 상태로 분리배출을 하는 경우도 많은데, ㉢오염된 용기는 깨끗이 씻고, 라벨이 붙어 있는 용기는 라벨과 용기를 분리하여 버려야 쉽게 재활용할 수 있다.

🔍 **오염**: 더럽게 물듦, 또는 더럽게 물들게 함.

공부한 날   월   일

1   ⊙의 뜻을 국어사전에서 찾아 써 보고, 낱말의 뜻에 알맞은 예를 주위에서 찾아
    써 보세요.

    (1) 구입: _____

    (2) 예: _____

2   ⓒ에 해당하는 물건들은 무엇인지 찾아 써 보세요.

    _____

3   ⓒ을 쉬운 말로 풀어 써 보세요.

    _____

4   이 글에서 글쓴이가 쓰레기를 줄이는 방법으로 얘기하고 있는 것을 모두 써 보
    세요.

    (1) 첫째: _____

    (2) 둘째: _____

    (3) 셋째: _____

    (4) 넷째: _____

심화 학습

5   쓰레기 문제를 해결하기 위해 여러분이 할 수 있는 일들을 적어 보세요.

    _____

    _____

    _____

● 다음 글을 읽고 물음에 답해 보세요.

쓰레기를 줄이자 ③

그리고 재활용이 가능한 것들은 종류별로 모아서 배출해야 한다. 그렇게 하면 우리나라가 쓰레기를 처리하는 데 드는 비용도 줄일 수 있고 쓰레기의 양도 줄일 수 있어 ⊙일석이조의 효과를 얻게 될 것이다.

다섯째, 나눔과 바꿈을 이용해 보자. 나에게는 쓸모가 없는 물건도 누군가에게는 유용하게 쓰일 수 있다. 작아져서 입지 못하는 옷, 멀쩡하지만 가지고 놀기 지겨워진 장난감 등이 있다면 주변을 살펴보자. 마찬가지로 다른 사람에게 필요가 없어진 물건도 나에게는 필요한 물건일 수 있다. 자칫 쓰레기통으로 버려질 뻔한 물건들에게 소중한 주인을 찾아 주면 이웃과 환경에 모두 도움이 될 수 있다.

지금까지 조상이 물려준 아름다운 자연환경을 훼손하는 심각한 쓰레기 문제에 대해 알아보았다. 쓰레기 문제를 해결하기 위해 우리들의 생각을 바꾸는 노력을 해야 하고, 음식물 쓰레기를 줄이도록 하며, 물건을 구입할 때 더 고민하고, 쓰레기 분리배출을 철저히 하고 나눔과 바꿈을 이용하는 노력을 해야 한다.

이렇게 여러 가지 방법으로 쓰레기의 양을 줄여 나간다면 우리가 사는 자연은 훨씬 더 깨끗해지고 오염도 줄어들 것이다. 그리고 앞으로도 꾸준히 쓰레기 문제에 많은 관심을 가지고 쓰레기 문제 해결을 위해 노력해야 한다. 그것만이 우리의 생활 터전인 자연환경을 되살리고 보호할 수 있는 길이기 때문이다.

1 이 글의 종류는 무엇인가요?

① 극본   ② 논설문   ③ 설명문

④ 전기문   ⑤조사 기록문

2 쓰레기가 마구 버려져 있네요. 버려진 쓰레기를 바르게 분리배출할 수 있도록 종류별로 나누어 보세요.

(1) 캔류: _____

(2) 플라스틱류: _____

(3) 병류: _____

(4) 종이류: _____

3 ㉠의 '일석이조(一石二鳥)의 효과'는 무엇을 말하나요?

_____

_____

심화 학습

4 쓰레기를 줄이려는 노력을 하지 않는다면 우리의 미래는 어떻게 될지 상상하여 써 보세요.

_____

_____

◆ 이어 주는 말

이어 주는 말의 쓰임

① 앞의 내용과 비슷한 내용을 이어 줄 때
　– 그리고, 또

② 앞의 내용과 반대되는 내용을 이어 줄 때
　– 그러나, 그렇지만, 하지만, 그런데

③ 원인과 결과의 순서대로 내용을 이어 줄 때
　– 그래서, 그러므로, 따라서

④ 결과와 원인의 순서대로 내용을 이어 줄 때
　– 왜냐하면

◉ 문장에 알맞게 이어 주는 말을 보기에서 골라 써 보세요.

| 보기 | 그리고　　　그렇지만　　　왜냐하면 |

1 장미는 참 아름답다. _____ 나는 장미를 좋아하지 않는다.

2 나는 손흥민 선수를 좋아한다. _____ 축구를 무척 잘하기 때문이다.

3 나는 책을 읽었다. _____ 독후감을 썼다.

이어 주는 말을 쓰는 까닭

문장을 쓸 때, 문단을 만들 때, 또는 내용이 마무리되었더라도 문장의 앞뒤 간의 흐름이 서로 연결되어 있지 않으면 글이 정리된 느낌이 들지 않습니다. 즉 이어 주는 말은 문단 짓기뿐 아니라 한 문장 안에서도 글의 흐름이 끊기지 않게 하는 중요한 구실을 합니다.

◉ 이어 주는 말의 쓰임에 맞게 앞뒤 내용을 자연스럽게 꾸며서 써 보세요.

1 비가 왔다.

(1) 그래서 _____

(2) 그런데 _____

2 심 봉사는 잔치에 참여하였다.

(1) 그렇지만 _____

(2) 그리고 _____

3 에디슨은 친구들에게 놀림을 받았다.

(1) 그래서 _____

(2) 그렇지만 _____

4 천둥이 쳤다.

(1) 하지만 _____

(2) 그리고 _____

5 동생이 꽃을 꺾었다.

(1) 왜냐하면 _____

(2) 그래서 _____

◉ 이어 주는 말에 따라 어울리게 이어질 문장을 써 보세요.

1 갑자기 배가 아파서 병원에 갔다.

(1) 그러나 _____

(2) 그래서 _____

2 나는 친구들과 함께 도서관에 갔다. 길을 몰라 여러 번 물어서 찾아갔다.

(1) 그래서 _____

(2) 그렇지만 _____

3 날이 어두워지자 밤하늘에 별들이 빛나기 시작했다.

(1) 그리고 _____

(2) 그런데 _____

4 나는 열심히 이야기를 했다.

(1) 그래서 _____

(2) 왜냐하면 _____

(3) 그렇지만 _____

5 시험 공부를 열심히 했다.

(1) 그러나 _____

(2) 그래서 _____

6 잠을 자서 학교에 늦게 도착했다.
   그러나 _____

7 해바라기는 키가 크다.
   그리고 _____

8 좁고 험한 길을 오르고 또 올랐다.
   그래서 _____

9 어머니와 함께 백화점에 갔다.
   그런데 _____

10 오늘은 내 생일이다.
    그렇지만 _____

11 선생님께서 우리 집에 오셨다.
    왜냐하면 _____

12 어제 학교에 가지 못했다.
    그래서 _____

◉ 이어지는 문장을 보고 앞의 문장을 바르게 완성해 보세요.

1 _____

그렇지만 아침저녁으로 춥다.

2 _____

그래서 우리는 칭찬을 받았다.

3 _____

그래서 산꼭대기에 설 수 있었다.

4 _____

그러므로 매일 운동을 해야 한다.

5 _____

그러나 일 등은 놓치고 말았다.

6 _____

왜냐하면 발목을 다쳤기 때문이다.

◉ 이어 주는 말에 어울리게 뒷이야기를 완성해 보세요.

1 지난 일요일에 우리 가족은 기차를 타고 시골 할아버지 댁에 갔다. 할아버지께서는 연세가 많으심에도 불구하고 손수 농사를 짓고 계신다.

(1) 그래서 _____

_____

(2) 그러나 _____

_____

2 우리 반 친구들은 일요일에 학교에 모여 운동회 연습을 하기로 했다.

(1) 그런데 _____

_____

(2) 그래서 _____

_____

3 오늘은 어린이날이다. 부모님과 함께 놀이공원에 가기로 했다.

(1) 그래서 _____

_____

(2) 그런데 _____

_____

◆ 논술 한마당: 소개하는 글 쓰기

◎ 다음의 글은 선생님을 친구에게 소개하는 글입니다. 보기 문장을 보고 상대에 맞게 소개하는 글을 써 보세요.

> 보기 우리 선생님은 밝고, 우리들이 모르는 것을 잘 가르쳐 주셔.
> 특히 음악을 잘하시는데 피아노를 아주 잘 치셔.
> 나는 우리 선생님이 좋아.

┃ 가족에게 여러분의 선생님을 소개하는 글을 써 보세요.

_____

_____

_____

_____

_____

_____

2 선생님께 여러분의 가족을 소개하는 글을 써 보세요.

_____

_____

_____

_____

_____

3 가족 중 한 명을 친구에게 소개하려고 합니다. 다른 사람에게 소개할 때 필요한
  내용을 적어 보세요.

  (1) 소개하고 싶은 사람: _____

  (2) 모습: _____

  (3) 성격: _____

  (4) 하는 일: _____

  (5) 내게 바라는 것: _____

  _____

  (6) 그 밖에 소개하고 싶은 내용: _____

  _____

4 3의 내용을 바탕으로 친구에게 가족 중 한 사람을 소개해 보세요.

  _____

  _____

  _____

  _____

  _____

  _____

5 나를 다른 사람에게 소개할 때 필요한 내용을 적어 보세요.

(1) 이름: _____

(2) 사는 곳: _____

(3) 가족 관계: _____

(4) 생김새: _____

(5) 성격: _____

(6) 취미나 특기: _____

(7) 장래 희망: _____

(8) 버릇: _____

(9) 그 밖에 소개하고 싶은 내용: _____

_____

6 5의 내용을 바탕으로, 친구나 주변 어른들께 간단하게 자신을 소개하는 글을 써 보세요.

_____

_____

_____

_____

_____

_____

기탄국어

학습 관리표

	1일	2일	3일	4일	5일	이번 주는?
금주평가	Ⓐ 아주 잘함	Ⓐ 아주 잘함	Ⓐ 아주 잘함	Ⓐ 아주 잘함	Ⓐ 아주 잘함	• 학습 방법 ❶ 매일매일 ❷ 가끔 ❸ 한꺼번에 하였습니다.
	Ⓑ 잘함	Ⓑ 잘함	Ⓑ 잘함	Ⓑ 잘함	Ⓑ 잘함	• 학습 태도 ❶ 스스로 잘 ❷ 시켜서 억지로 하였습니다.
	Ⓒ 보통	Ⓒ 보통	Ⓒ 보통	Ⓒ 보통	Ⓒ 보통	• 학습 흥미 ❶ 재미있게 ❷ 싫증 내며 하였습니다.
	Ⓓ 부족함	Ⓓ 부족함	Ⓓ 부족함	Ⓓ 부족함	Ⓓ 부족함	• 교재 내용 ❶ 적합하다고 ❷ 어렵다고 ❸ 쉽다고 하였습니다.

지도 교사가 부모님께	부모님이 지도 교사께

종합 평가	Ⓐ 아주 잘함	Ⓑ 잘함	Ⓒ 보통	Ⓓ 노력해야 함

원
교   반   이름

학습 내용

H단계 61a-80b

	교재번호	내용	분류
1일	61a~65a	• 사진 • 재이의 일기 • 농촌 체험 활동 보고서 Ⅰ	동시 일기 생활 기록문
2일	65b~69a	• 농촌 체험 활동 보고서 Ⅱ • 브레멘 음악대 Ⅰ	생활 기록문 극본
3일	69b~73a	• 브레멘 음악대 Ⅱ	극본
4일	73b~77a	• 브레멘 음악대 Ⅲ	극본
5일	77b~80b	• 브레멘 음악대 Ⅳ • 상상하여 이어 쓰기 – 토끼와 거북 • 한자를 배워요 – 숫자 (1~10) • 한자어의 적절한 사용	극본 논술 연습 한자 문장 구성

● 다음 동시를 읽고 물음에 답해 보세요.

동시

사진

찰칵!
웃는 내 모습이
찍혔어요.

찰칵!
심술쟁이
친구 모습도 담겼어요.

찰칵찰칵
네모난 공간엔
어제가 있어요.

찰칵찰칵
둥그런 공간엔
다정한 마음이 있어요.

 짜임: 4연 12행
중심 글감: 사진
중심 생각: 사진에는 재미있는 모습과 지난날의 추억이 담겨 있음.

심화 학습

1연, 2연에서는 '찰칵'이라고 하고, 3연, 4연에서는 '찰칵찰칵'이라고 한 이유를
생각해 보세요.

● 다음 글을 읽고 물음에 답해 보세요.

재이의 일기 ❶

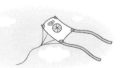

20△△년 10월 12일 일요일 맑음

아침 9시에 학교 운동장으로 갔다. 선생님과 반 친구들이 민속촌에 가기로 했기 때문이다. 우리는 학교 버스를 타고 민속촌으로 향했다. 9시 30분에 학교에서 출발하여 10시 40분이 되자 민속촌에 도착했다.

㉠그곳에는 사람들이 무척 많았다. 하얀 전통 한복을 입고 다니는 아저씨들과 색색깔의 예쁜 한복을 입고 있는 아주머니들도 계셨다.

정문 앞에는 민속촌을 계절마다 찍어 놓은 사진과 여러 가지 옛날 모습들이 담긴 사진들이 걸려 있었다. 우리는 장구를 만드는 아저씨도 보고, 나무로 여러 가지 모습의 인형을 만드는 아저씨도 보았다.

선생님께서 우리에게 옛날 과자라며 약과를 하나씩 사 주셨다. 약과는 갈색이고 꽃 모양이었는데 고소한 잣이 하나씩 올려져 있었다. 무척 달고 맛있었다.

| 다음 빈칸에 알맞은 낱말을 이 글에서 찾아 써넣으세요.

• 선생님께서는 우리에게 (   )라며 (   )를 하나씩 사 주셨다.

2 이 일기의 특징은 무엇인가요?

① 편지를 받고 나서 쓴 일기이다.   ② 관찰을 하고 나서 쓴 일기이다.

③ 조사를 하고 나서 쓴 일기이다.   ④ 구경을 다녀온 일을 쓴 일기이다.

⑤ 읽은 책에 대한 감상을 쓴 일기이다.

3 이 일기와 비슷한 내용을 다루는 글은 무엇인가요?

① 논설문   ② 연설문   ③ 기행문

④ 설명문   ⑤ 독서 감상문

4 일기를 보고 다음 표를 완성해 보세요.

출발 장소	목적지	교통편	소요 시간

5 ㉠이 가리키는 곳은 어디인가요?

_____

6 다음 설명을 보고 무엇을 설명한 것인지 일기에서 찾아 쓰세요.

> • 이것은 갈색이고 꽃 모양도 있고 사각 모양도 있습니다. 우리나라의 전통 과자로 고소한 잣이 한두 개씩 올려져 있으며 기름에 튀겨 낸 음식입니다.

• '이것'은 무엇인가요? _____

○ 다음 글을 읽고 물음에 답해 보세요.

일기

재이의 일기 ②

그리고 텔레비전에 나왔던 옛날 집도 보았다.

옛날 집들은 크기도 다르고, 남부와 북부 지방에 따라, 또 신분에 따라 모양이나 형태가 달랐다.

양반 집은 다른 집들보다 대문도 크고 마당도 넓고, 방도 무척 많았다. 우리는 관가에도 가 보았다. 그곳은 옛날 사또가 마을 일도 보고, 죄지은 사람들을 벌주기도 하던 곳이다.

선생님께서는 관가가 오늘날의 동 주민 센터나 파출소와 비슷한 일을 하던 곳이라고 알려 주셨다. 내 짝은 민속촌을 구경하다가 ㉠물건을 파는 곳에서 작은 복조리를 하나 샀다.

복조리를 사면 복이 많이 찾아올 것 같아서 샀다고 했다. 우리는 줄타기도 보고, 농악 놀이도 보았다. 높은 곳에 밧줄을 매달고 걸어가면서 뛰기도 하던 줄 타는 아저씨가 정말 신기했다. 외국 사람들도 모두들 신기한지 크게 박수를 쳤다.

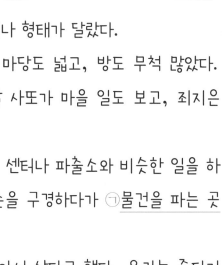

우리는 민속촌에서 4시에 출발해서 학교로 돌아왔다.

민속촌에 다녀오고 나서 우리 조상들의 옛 모습과 풍습들을 더 자세히 알게 되어서 참 좋았다.

1 옛날 집에 대해 새롭게 알게 된 사실을 모두 고르세요.
  ① 모두 똑같았다.
  ② 크기가 달랐다.
  ③ 지방에 따라 집 모양도 달랐다.
  ④ 지붕이 기와로 만들어져 있었다.
  ⑤ 신분에 관계없이 같은 집에서 살았다.

2 다음 중 맞춤법이 맞는 것에 ○를, 틀린 것에 ×를 하세요.
  (1) ┌ 텔레비전   (   )   (2) ┌ 파출서   (   )
      └ 텔레비젼   (   )   └ 파출소   (   )
  (3) ┌ 동 주민 센터   (   )   (4) ┌ 복조리   (   )
      └ 동 주민 샌터   (   )   └ 복죠리   (   )

3 ㉠ 대신 쓸 수 있는 말로 바르지 않은 것은 무엇인가요?
  ① 상가   ② 상점   ③ 매점   ④ 주방   ⑤ 점포

4 민속촌에서 본 것이 아닌 것은 무엇인가요?
  ① 관가   ② 줄타기   ③ 옛날 집
  ④ 농악 놀이   ⑤ 전통 혼례식

5 민속촌에 다녀와서 좋았던 점은 무엇인가요?

_____

심화 학습
6 '관가'와 오늘날의 '파출소'의 공통점은 무엇일까요?

_____

◉ 다음 글을 읽고 물음에 답해 보세요.

농촌 체험 활동 보고서 ❶

(1) **날짜**: 20△△년 8월 13일

(2) **장소**: 충북 음성군 희망마을 소재 외할머니 댁

(3) **주제**: 고추 따기

(4) **참여자**: 나, 동생, 할머니

(5) **준비물**: 모자, 장갑, 바구니, 편한 옷

(6) **중심 활동**

고추 꼭지가 떨어지지 않도록 빨갛게 익은 고추만 따서 담기

(7) **결과**

일손이 부족할 때 고추 따는 일을 도와드리게 돼서 기분이 좋았다.

(8) **알게 된 점**

고추밭에는 모기가 많다. 그리고 고추 꼭지가 떨어지지 않도록 따려면 매우 주의를 기울여야 한다. 너무 힘을 주면 가지째 꺾어지거나 꼭지가 떨어져 버리기 쉽다. 쉬워 보이는 일이지만 다 키워 놓은 작물을 거두는 것도 쉽지 않다.

농사일 돕기는 철저한 준비가 필요하고, 어른들이 하는 것을 잘 보고 주의해서 따라 해야 한다는 점을 배웠다.

1   이 글은 어떤 글인가요?
    ① 농촌을 알기 쉽게 설명한 글
    ② 농촌을 체험한 일을 기록한 글
    ③ 농촌을 사랑하자는 주장을 하는 글
    ④ 할머니 댁에 다녀온 느낌을 적은 글
    ⑤ 고추를 키우는 방법을 자세히 설명하는 글

2   고추 따기를 하기 위해 필요한 준비물이 아닌 것은 무엇인가요?
    ① 칼   ② 모자   ③ 장갑
    ④ 바구니   ⑤ 편한 옷

3   이 글에서 알 수 없는 것은 무엇인가요?
    ① 체험 장소   ② 체험한 날짜   ③ 체험 준비물
    ④ 체험 전의 기분   ⑤ 체험 후 느낀 점

4   이 글은 무엇을 체험하고 쓴 글인가요?

    _____

5   고추 따기 체험 후 글쓴이가 새롭게 알게 된 사실이 아닌 것은 무엇인가요?
    ① 고추밭에는 모기가 많다.
    ② 농사일을 도우려면 철저한 준비가 필요하다.
    ③ 다 키워 놓은 작물을 거두는 것도 쉽지 않다.
    ④ 세게 힘을 주어 가지째 꺾어지도록 따야 한다.
    ⑤ 고추 꼭지가 떨어지지 않도록 주의를 기울여야 한다.

● 다음 글을 읽고 물음에 답해 보세요.

농촌 체험 활동 보고서 ❷

[활동 내용 (20△△년 8월 13일, 목요일, 맑음)]

어제까지 비가 많이 내렸습니다. 올해의 비는 전국을 돌아다니며 여기저기 수해를 일으키는 아주 나쁜 비입니다.

원래의 계획대로라면 오늘 우리 가족은 서해에 가서 조개와 게도 잡고 수영도 즐기며, 아빠의 휴가와 나의 어촌 체험을 겸하고자 했었습니다.

그러나 여기저기에서 ㉠수해로 고생하시는 많은 분들을 생각할 때 그것은 좋지 못하다고 생각했습니다. 그래서 우리는 외할머니 댁으로 발길을 돌렸습니다. 할머니 댁에서도 농촌 생활을 통해 배울 것이 많기 때문이었습니다.

아침 일찍 집을 떠나 한 시간 반을 달려 음성군 생극면에 있는 외할머니 댁에 도착했습니다. ㉡햇볕이 쨍쨍 내리쬐어 뜨거웠지만 모처럼 비가 오지 않아서 좋았습니다.

🔍 **수해** : 장마나 홍수로 인한 피해.

1 원래의 계획을 변경한 까닭은 무엇인가요?

_____

2 글쓴이가 올해의 비를 나쁜 비라고 표현한 까닭은 무엇인가요?

_____

3 농촌 체험을 위해 도착한 곳은 어디였나요?
① 서해
② 수해 복구 지역
③ 시골 외할머니 댁
④ 학교 농촌 실습장
⑤ 바닷가 어촌 마을

4 ㉠을 국어사전에서 찾아 뜻을 써 보고, 그 뜻이 잘 드러나도록 짧은 글을 지어
보세요.
(1) 수해: _____
(2) 짧은 글: _____

5 ㉡을 이어 주는 말을 넣어 두 문장으로 나누어 써 보세요.

_____

_____

● 다음 글을 읽고 물음에 답해 보세요.

농촌 체험 활동 보고서 ③

우리는 할머니께 인사를 하고는 일할 준비를 마치고 할머니와 함께 고추밭으로 갔습니다. 장마철이라 고추가 많이 열리지 않았다고 ㉠할머니께서 서운해하셨습니다. 그러나 ㉡이런 날씨에도 빨갛게 익은 고추가 많이 있었습니다.

작년에는 괴산에 있는 이모 댁에 가서 고추도 따고 고구마도 캤었습니다. 그때는 끝물이라 재미가 없었는데 올해는 좀 일찍 가서 농촌 일손도 도울 겸 동생들과 만나서 재미있게 놀아야겠다는 생각을 했습니다.

그러나 생각해 보면 농촌 일이라는 것은 ㉢생각처럼 재미있는 것이 아니라 힘든 것이어서 조금은 망설여졌습니다. 사실 일은 처음에는 재미있지만 금방 지루하고 정말 허리가 아프거든요.

그런 생각을 하면서 한참 고추를 따다 보니 금방 한 바구니가 되었습니다.

1 할머니가 ㉠처럼 생각한 이유를 찾아 써 보세요.

_____

_____

2 ㉡이 가리키는 것은 무엇인가요?

_____

3 글쓴이가 작년에 괴산 이모 댁에 가서 한 일은 무엇이었나요?

_____

_____

4 ㉢이 가리키는 뜻은 무엇인가요?

① 힘들고 쉽지 않다.   ② 생각보다 재미있다.

③ 생각만큼 재미있다.   ④ 생각하기 나름이다.

⑤ 생각처럼 쉬운 일이다.

5 이 글에서 농촌 일에 대해 설명한 것 중 바른 것은 무엇인가요?

① 누구나 쉽게 할 수 있는 일이다.

② 장마철에는 고추가 많이 열린다.

③ 한 사람이 처음부터 끝까지 해야 한다.

④ 처음에는 재미없고 나중에는 재미있다.

⑤ 처음에는 재미있지만 금방 지루하고 허리가 아프다.

● 다음 글을 읽고 물음에 답해 보세요.

농촌 체험 활동 보고서 ④

비가 와서 고추 꼭지가 약해졌기 때문에 꼭지가 떨어지지 않도록 따는 일은 조금 까다로웠습니다. 하지만 일을 하면 어느새 고추가 수북이 바구니에 담기는 것이 재미있었습니다.

그런데 고추를 따다 보니 ㉠여기저기 구멍이 뚫리고 조금 썩은 고추들이 많았습니다. 할머니께서 그게 다 장마가 길어져서 그렇다고 하셨습니다. 약을 뿌려도 금방 비가 와서 약이 씻겨 나가기 때문에 효과가 없어진 거라고 하셨습니다.

동생은 모기에 많이 물려서 여기저기 산처럼 부어올랐습니다. 그래서 나는 ㉡날씨가 더웠지만 계속 긴팔을 입고 일을 했습니다.

어느덧 점심시간이 되었습니다. 할머니께서 ㉢돼지고기 볶음과 된장찌개를 해 주셨습니다. 정말 맛있었습니다. 일을 하고 나면 평소에 맛이 없다고 생각했던 음식도 아주 맛있게 느껴집니다. 정말 신기한 일입니다. 그래서 시골에 사는 사촌들은 밥을 잘 먹는가 봅니다.

㉣점심을 먹고 난 다음에는 호박을 땄습니다. 호박이 아빠 머리보다도 더 크게 자라서 벌써 누렇게 익어 있었습니다. 우리는 '애호박'이라고 불리는 아직 어린 호박을 땄습니다. ㉤청주, 증평에 사시는 다른 이모와 삼촌 댁에 골고루 나누어 드릴 수 있도록 많이 땄습니다. ㉥할머니께서는 그것을 똑같이 나누어 각각 봉지에 담으셨습니다. 돌아갈 때 우리는 이모와 삼촌 댁을 한 집씩 돌면서 그것을 나누어 주어야 했습니다. 그것은 우리 아빠의 임무였습니다.

1 이 글에서 고추 따기를 할 때 주의해야 할 점은 무엇인가요?

① 덜 익은 고추만 따는 것

② 고추에 골고루 약을 뿌려 주는 것

③ 고추가 땅에 떨어지지 않게 담는 것

④ 고추 꼭지가 떨어지지 않게 따는 것

⑤ 구멍이 뚫리고 썩은 고추만 따는 것

2 ㉠과 같이 고추가 상한 원인은 무엇인가요?

_____

3 농촌 체험에서 들은 일과 한 일을 각각 써 보세요.

(1) 들은 일: _____

(2) 한 일: _____

4 ㉡~㉂ 가운데 글쓴이가 한 일이 아닌 것을 모두 고르세요.

① ㉡   ② ㉢   ③ ㉣   ④ ㉤   ⑤ ㉂

5 다음 중 밑줄 친 '애'가 보기처럼 '어린, 작은.'의 뜻으로 쓰인 것은 무엇인가요?

보기   애호박

① 애벌레   ② 애국심   ③ 애완용   ④ 애창곡   ⑤ 애간장

6 이 글로 보아 글쓴이의 다음 방문지는 어디가 될 것인지 찾아 써 보세요.

_____

○ 다음 글을 읽고 물음에 답해 보세요.

농촌 체험 활동 보고서 ❺

농촌 일은 힘이 많이 들지만 보람도 있고 아주 재미있었습니다. 다행히 오늘은 더 이상 비가 오지 않고 햇볕도 강하지 않아서 일하기 좋은 날씨였습니다.

우리는 매년 이렇게 할머니 댁에 가서 고추도 따고 호박도 땁니다. 그리고 봄에는 모내기를, 가을에는 벼 ㉠베는 일을 도와드립니다.

할머니께서 조금씩 나누어 주신 쌀과 농작물로 엄마의 가계 부담을 ㉡덜기도 합니다. 할머니도 도와드리고 일을 해서 보람과 즐거움도 찾고, 엄마의 가계 부담도 덜고 정말 이번 체험은 일석삼조의 뜻깊은 체험이었습니다.

아빠께서는 올해도 이모 댁에 가서 고추 따는 일을 도울 거라 하셨습니다. 우리 이모 댁은 아주 큰 고추 농장을 하고 계시는데 일손이 모자라서 매년 고생이 많으시답니다. 그래서 우리는 벌써 몇 년째 일 년에 한 번씩 고추 따기와 모내기를 도와드리고는 합니다.

할머니 댁에서는 오후 3시에 출발했습니다. 증평에 사시는 큰이모께서 저녁을 사 주신다고 해서 증평에 사는 삼촌, 그리고 청주에 사시는 셋째 이모가 모두 모여 왁자지껄 맛있게 저녁을 먹었습니다.

집에 도착해 보니 저녁 7시가 넘었습니다. 평소에는 9시에 잠이 들었는데 ㉢오늘은 조금 일찍 잠자리에 들었습니다. 하지만 훨씬 더 깊이 잠들 것 같습니다. 왜냐하면 몸이 너무 피곤하기 때문입니다. 피곤했지만 정말 보람 있는 하루였습니다.

1 다음 중 글쓴이가 할머니 댁에서 경험해 보지 <u>않은</u> 것은 무엇인가요?

① 모내기   ② 벼 베기   ③ 고추 따기

④ 과일 추수   ⑤ 호박 따기

2 ㉠과 ㉡을 국어사전에서 찾을 때의 기본형은 무엇인가요?

① 베다 / 덜다   ② 베다 / 더하다

③ 베는 / 덜다   ④ 배다 / 덜어내다

⑤ 배다 / 덜기도

3 '일석삼조'의 뜻을 쓰고, 낱말을 넣어 짧은 글을 지어 보세요.

(1) 일석삼조 : _____

(2) 짧은 글 : _____

4 글쓴이가 ㉢과 같이 조금 일찍 잠자리에 든 까닭은 무엇일까요?

_____

심화 학습

5 이 글을 읽고 '모내기'와 '벼 베기'는 각각 어느 계절에 하는 것인지 찾아 쓰세요.

(1) 모내기 : _____

(2) 벼 베기 : _____

○ 다음 글을 읽고 물음에 답해 보세요.

극본

브레멘 음악대 ❶

- 때: 옛날
- 곳: 어느 시골
- 등장인물: 당나귀, 개, 고양이, 닭, 도둑들(1, 2, 3)

제1막

막이 오르면 뒤로 숲과 시골 농가가 보이고 무대 중앙에 당나귀가 고개를 숙이고 서 있다.

당나귀: (고개를 떨구고) ㉠휴, 더 이상은 이렇게 못 살겠어. 주인은 이제 내가 늙었다고 밥도 제대로 주지 않아. 그래도 젊었을 때는 힘도 세고 일도 잘한다고 많이 귀여워해 주었는데, 이젠 아예 나를 팔아 버리려고 하다니. (고개를 들고 뭔가 결심을 한 듯한 얼굴로) 그래, 브레멘으로 떠나는 거야. 그곳에 가서 내가 해 보고 싶었던 음악을 하는 거야.

1 이 글의 종류는 무엇인가요?

① 동화   ② 극본   ③ 생활문

④ 논설문   ⑤ 영화 대본

2 이야기가 전개되는 장소는 어디인가요?

_____

3 이 글의 등장인물이 <u>아닌</u> 것은 누구인가요?

① 닭   ② 도둑   ③ 고양이

④ 당나귀   ⑤ 브레멘

4 이 글에서 알 수 있는 내용이 <u>아닌</u> 것은 무엇인가요?

① 등장인물   ② 글쓴이의 성격

③ 사건이 일어나는 장소   ④ 이야기의 시간적 배경

⑤ 등장인물들의 말과 행동

5 ㉠은 어떤 목소리로 읽어야 하나요?

① 기쁜 목소리로   ② 힘없는 목소리로

③ 우렁찬 목소리로   ④ 깜짝 놀란 목소리로

⑤ 잘난 체하는 목소리로

6 당나귀는 어떤 상황에 닥쳐 있어 브레멘으로 가려고 하나요?

_____

● 다음 글을 읽고 물음에 답해 보세요.

브레멘 음악대 ❷

당나귀가 시골길을 걷다가 농가 마당에 축 늘어진 채 낮잠을 자고 있는 개를 만난다.

당나귀: (개에게 다가가며) 안녕? 왜 그렇게 기운이 없니?

개: (고개를 들어 당나귀를 보고 다시 누우면서) 응, ㉠난 이제 나이가 들어서 주인님과 사냥도 다니지 못하는 신세가 되었어. (앞발 하나로 집 안쪽을 가리키며) 이제는 집 안에도 들어가지 못하게 하고 구박만 당하고 있어. 주인집 아이들도 젊은 사냥개만 예뻐해서 난 이렇게 매일 마당 한구석에서 슬퍼하고 있는 거야.

당나귀: (개의 등을 토닥여 주며) 너도 나하고 ㉡같은 신세구나. 나도 늙어서 쓸모없다며 주인이 구박을 해서 집에서 도망 나왔단다. 어때? ㉢너도 나와 같이 브레멘으로 가지 않을래?

개: (자리에서 일어서며) 브레멘이라고?

당나귀: 그래, 브레멘. 나는 브레멘에서 내가 꿈꾸던 음악을 할 생각이었어. 그런데 네가 함께 간다면 음악대를 만들 수도 있겠지.

개: (자신이 없는 목소리로) 그런데 나같이 늙은 개가 음악대에서 할 일이 있을까?

당나귀: 그럼, 할 일이 있고말고. 네가 짖는 소리는 씩씩하고 우렁차니 우린 훌륭한 음악대를 만들 수 있을 거야. 어때?

개: (고개를 끄덕이며) 그래, ㉣좋아. 나도 너와 함께 가겠어.

1 ㉠의 문장을 이어 주는 말을 사용하여 두 문장으로 나누어 써 보세요.

_____

_____

2 당나귀가 시골길을 걷다가 만난 개가 처해 있는 신세가 <u>아닌</u> 것은 무엇인가요?

① 구박만 당하는 신세

② 아이들에게 사랑을 받아 편한 신세

③ 매일 마당 한구석에서 슬퍼하는 신세

④ 집 안에도 들어가지 못하게 하는 신세

⑤ 나이가 들어서 사냥도 다니지 못하는 신세

3 ㉡은 어떤 신세를 말하나요?

_____

4 ㉢은 누가 누구에게 한 말인가요?

_____ 가 _____ 에게

5 당나귀가 브레멘으로 가려고 하는 까닭은 무엇인가요?

① 새집을 구하려고   ② 젊음을 되찾으려고

③ 음악대를 만들려고   ④ 옛 친구를 찾으려고

⑤ 새 주인을 찾으려고

6 ㉣은 어떤 목소리로 읽어야 하나요?

① 화가 난 목소리로   ② 울먹이는 목소리로

③ 희망에 찬 목소리로   ④ 기운 없는 목소리로

⑤ 의심스러운 목소리로

● 다음 글을 읽고 물음에 답해 보세요.

브레멘 음악대 ③

당나귀와 개가 함께 길을 가다가 담장 위에 누워 있는 고양이를 만난다.

고양이: (㉠눈을 비비며) 야옹! 너희들은 어딜 가는 길이니?

당나귀: 브레멘으로 가는 길이야!

고양이: 브레멘으로? 거긴 왜 가려고 하니?

당나귀: 응, 우린 지금까지 늙고 쓸모없다며 주인에게 구박을 받아 왔어. 그래서 집을 떠났어. 브레멘으로 가서 음악대를 만들려고.

고양이: (담장 위에서 일어나 앉으며) 음악대라고? 나도 ㉡끼워 줄 수 없겠니? 사실은 나도 늙어서 몸이 ㉢예전 같지 않거든. 몸이 느려져서 쥐도 잘 못 잡는다고 주인이 날 발로 차고 매일 내쫓거든.

당나귀: 그래, 함께 가자. 너는 목소리가 곱고 예쁘니까 고운 노래를 부를 수 있을 거야.

고양이: (담장에서 펄쩍 뛰어내리며) 고마워. 자, 어서 떠나자. 빨리 이곳에서 벗어나고 싶으니까 말이야.

1 극본의 구성 요소에서 ㉠과 같은 것을 무엇이라고 하나요?

① 독백   ② 방백   ③ 지문   ④ 대사   ⑤ 해설

2 ㉡의 대사를 비슷한 의미를 가진 다른 문장으로 바꿔 써 보세요.

_____

3 ㉢은 구체적으로 어떤 뜻인지, 과거와 현재를 비교해서 써 보세요.

(1) 과거: _____

(2) 현재: _____

4 당나귀와 개는 브레멘으로 가는 도중 누구를 만났나요?

① 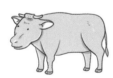   ②    ③

④   ⑤

5 당나귀는 고양이가 왜 고운 노래를 부를 수 있을 거라고 얘기했나요?

① 입이 커서   ② 멋진 수염을 가져서

③ 목이 굵고 예쁘니까   ④ 노래를 많이 알아서

⑤ 목소리가 곱고 예쁘니까

● 다음 글을 읽고 물음에 답해 보세요.

브레멘 음악대 ④

당나귀와 개, 고양이가 함께 길을 가다가 ㉠깃털이 군데군데 빠진 채 사냥개에게 쫓겨 도망다니는 닭을 만난다.

닭: (날개를 퍼덕이며) 살려 줘. 제발 날 좀 괴롭히지 말란 말이야.

개: (사냥개를 향해 ㉡짖으며) 저리 가. 이제 그만 좀 해 두란 말이야.

사냥개 물러간다.

닭: ((㉢)) 고마워. (㉣) 오늘 저녁 주인 밥상에 오를 뻔했지 뭐야.

당나귀: 그게 무슨 말이니?

닭: 응, 내가 늙어서 더 이상 알을 못 낳는다고 주인이 며칠 전부터 나를 잡아먹겠다고 했거든. 그래서 저 사냥개가 나를 매일 물어뜯고 못살게 구는 거야. (깃털이 군데군데 빠진 몸을 가리키며) 그래서 내 몸이 이렇게 엉망이 된 거란다.

1   ⊙으로 보아 짐작할 수 있는 것은 무엇인가요?

_____

2   ⓛ의 기본형은 무엇인가요?
    ① 짓다   ② 지다   ③ 질다   ④ 짖다   ⑤ 짖으다

3   ⓒ에 들어갈 말로 가장 알맞은 것은 무엇인가요?
    ① 화가 난 듯이   ② 숨을 헐떡이며
    ③ 거드름을 피우며   ④ 신기하게 바라보며
    ⑤ 졸린 듯한 목소리로

4   ⓔ에 들어갈 말로 알맞은 것은 무엇인가요?
    ① 제발   ② 만약   ③ 비록   ④ 마치   ⑤ 하마터면

5   주인이 닭을 잡아먹으려고 한 까닭은 무엇인지 모두 고르세요.
    ① 닭이 늙어서   ② 닭이 알을 못 낳아서
    ③ 닭이 개를 자꾸 괴롭혀서   ④ 닭이 목청껏 울지 않아서
    ⑤ 닭이 자꾸 말썽을 일으켜서

6   닭이 처해 있는 상황이 <u>아닌</u> 것을 모두 고르세요.
    ① 주인과 함께 밥을 먹는 상황
    ② 주인이 잡아먹으려고 하는 상황
    ③ 사냥개에게 쫓겨 도망을 다니는 상황
    ④ 늙어서 더 이상 알을 낳지 못하는 상황
    ⑤ 깃털이 아름답게 몸을 감싸고 있는 상황

● 다음 글을 읽고 물음에 답해 보세요.

브레멘 음악대 ❺

당나귀: 그랬구나. 너도 우리하고 똑같은 신세로구나.

닭: 그런데 너희는 여행자들이니?

당나귀: 응, 우리도 너처럼 집에서 괴롭힘을 당했어. 그래서 집을 나와 브레멘으로 가는 중이야. 음악대를 만들 거거든. 어때? ㉠너도 함께 가지 않을래? 너는 높은 음을 잘 낼 수 있을 거야.

닭: (팔짝팔짝 뛰며) 오! 정말로 훌륭한 생각이야. 나도 함께 가겠어. 암, 가고말고. 나도 옛날부터 ㉡도시에 한번 가 보고 싶었거든.

제2막

어둑어둑해진 숲속에 불빛이 반짝이는 오두막집이 한 채 서 있고, 당나귀, 개, 고양이, 그리고 닭이 오두막집 근처에 서 있다.

고양이: (자리에 털썩 주저앉으며) 야옹, 나는 더 이상은 못 걷겠어. 내 부드러운 발바닥이 벌써 딱딱해졌는걸.

닭: (고개를 끄덕이며) 나도 그래. 온몸이 욱신거리는 게 너무 힘들어.

개: 그래, 우리 이제 좀 쉬었다 가는 게 좋겠어.

당나귀: (오두막을 가리키며) 얘들아, 조금만 힘을 내. 저기 불빛이 보여. 오늘 밤은 ㉢저곳에 가서 쉬자.

1 등장인물들의 공통점은 무엇인가요?

_____

2 ㉠을 시키는 문장으로 바꾸어 써 보세요.

_____

3 ㉡이 뜻하는 곳은 어디인지 구체적인 장소를 써 보세요.

_____

4 고양이와 닭의 대사를 통해 알 수 있는 것은 무엇인가요?
① 오랜 시간을 걸었다.　　　② 무척 배가 고프다.
③ 사냥개에게 쫓겨 왔다.　　④ 주인을 보고 싶어 한다.
⑤ 네 발로 걷는 것이 더 힘들다.

5 ㉢은 어디를 말하나요?
① 동굴　　　　　　　　　② 브레멘
③ 옛 주인집　　　　　　　④ 새 주인집
⑤ 숲속 오두막집

6 지금 오두막집 근처에 서 있는 동물들을 모두 써 보세요.

_____

● 다음 글을 읽고 물음에 답해 보세요.

브레멘 음악대 ❻

오두막집 앞까지 간 당나귀와 고양이, 개, 닭이 ㉠귀를 쫑긋 세우고 무슨 소리엔
가 귀 기울이고 있다.

　　개: (조용히 하라고 시키며) 들어 봐! ㉡무슨 소리가 들리지?

당나귀: 그래, 집 안에 누가 있나 봐. (창문으로 집 안을 들여다본다.)

도둑 1: (많은 보석과 금화들을 만지며) 우하하! ㉢우린 이제 ㉣부자야, 부
　　　　자! 이 돈으로 무얼 하지?

도둑 2: 아직은 부족해. 내일은 다른 마을을 털어야겠어.

도둑 3: ((　㉤　)) 쉿! 잠깐 조용히들 해 봐. 무슨 소리가 들린 것 같은
　　　　데.

도둑 2: 소리는 무슨 소리가 들렸다고 그러는 거야? 난 아무 소리도 못
　　　　들었는데.

도둑 1: (식탁에 차려진 음식들을 가리키며) 그래, 바람 소리일 거야. 자, 우
　　　　리 배불리 먹기나 하자.

1 동물들이 ㉠과 같이 행동한 까닭은 무엇일까요?

_____

2 ㉡은 누가 내는 소리인가요?

① 닭   ② 개   ③ 고양이   ④ 당나귀   ⑤ 도둑들

3 ㉢에 속하는 등장인물은 누구인가요?

① 닭   ② 개   ③ 고양이   ④ 당나귀   ⑤ 도둑들

4 밑줄 그은 낱말이 ㉣'부자'와 다른 뜻으로 쓰인 것은 무엇인가요?

① 아버지와 아들을 부자라고 합니다.
② 놀부는 부자였지만 흥부는 가난했습니다.
③ 그는 부자이지만 늘 검소한 생활을 합니다.
④ 재물을 많이 가지고 있는 사람은 부자입니다.
⑤ 부자가 되기 위해서는 열심히 노력해야 합니다.

5 ㉤에 들어갈 알맞은 말은 무엇인가요?

① 하품을 하며   ② 춤을 추면서
③ 노래를 부르며   ④ 큰 소리를 지르며
⑤ 손가락을 입에 갖다 대며

6 당나귀와 고양이, 개는 지금 어디에 있나요?

_____

● 다음 글을 읽고 물음에 답해 보세요.

브레멘 음악대 ❼

당나귀: 저들은 도둑인 게 분명해.

　닭: (당나귀 머리 위로 올라가 창문을 들여다보며) 꼬끼오! 불빛이 참 ㉠
　　　포근하다. 저기 저 포근한 이불 위에 앉아 봤으면!

고양이: ㉡어디 나도 좀 봐!

당나귀: 얘들아! 나한테 좋은 생각이 있어. 우리 저 도둑들을 혼내 주는
　　　게 어때?

　개: 어떻게 할 건데?

당나귀: (고양이, 개, 닭을 모아 놓고 속삭인다.) 이렇게 하면 저 도둑들이 아
　　　마 깜짝 놀라 달아날 거야, 어때?

　개: ㉢그거 좋은 생각인데.

고양이: 자, 당장 하자. 난 빨리 집 안에 있는 맛있는 음식을 먹고 싶다
　　　고.

당나귀: 좋아. 자, 어서 ㉣내 등 위로 올라타.

1 ㉠과 바꾸어 쓸 수 있는 낱말은 무엇인가요?

① 춥다   ② 무섭다   ③ 낯설다

④ 뜨겁다   ⑤ 따뜻하다

2 ㉡은 어디를 보며 말하는 것인가요?

① 숲속   ② 들판   ③ 집 안

④ 마당 안   ⑤ 담장 밖

3 ㉢은 무슨 생각을 말할까요?

_____

4 ㉣을 묻는 문장으로 바꾸어 써 보세요.

_____

5 도둑들을 혼내 줄 좋은 생각을 해낸 것은 누구인가요?

_____

6 동물들은 어떤 방법으로 도둑들을 혼내 줄 수 있을지 여러 가지 방법을 생각해
써 보세요.

_____

_____

_____

다음 글을 읽고 물음에 답해 보세요.

브레멘 음악대 8

당나귀 등 위로 개, 고양이, 닭이 차례대로 올라탄 후 커다란 천을 뒤집어쓴다.

당나귀, 개, 고양이, 닭: (모두 함께) 히히힝! 멍멍멍! 야옹야옹! 꼬끼오!

도둑 1: (수저를 들었다 놓으며 (㉠)) 드, 들었어? 이게 무, 무슨 소리지?

도둑 2: 그래, 나도 들었어.

도둑 3: (겁먹은 듯이) 바람 소리 같지는 않았지? 뭐지? 숲속 동물들인가? (자리에서 일어나 창문 쪽으로 다가가 창밖에 서 있는 그림자를 보고 놀라며) 으악! 귀, 귀, 귀신이다. 걸음아, 날 살려라! (집을 뛰쳐나간다.)

도둑 1, 2: (놀라서 함께 집을 뛰쳐나가며) 무슨 소리야? 귀신이 어디 있다고 그래?

도둑 3: (손가락으로 밖을 가리키며) 저, 저, 저기. 문밖에 귀신이 있다니까.

도둑들 빠른 걸음으로 숲속으로 도망간다.

닭: (날개를 퍼덕이며) 얘들아, 이제 됐어. 도둑들이 놀라서 모두 달아났어.

당나귀: 그래? 정말 잘됐다.

---

1 ㉠에 들어갈 알맞은 말은 무엇인가요?

① 기쁜 목소리로   ② 침착한 목소리로

③ 행복한 목소리로   ④ 떨리는 목소리로

⑤ 부드러운 목소리로

2 이 글로 보아 도둑들은 어떤 상태일까요?

① 설레고 있다.   ② 슬픔에 빠져 있다.

③ 행복에 취해 있다.   ④ 기대에 부풀어 있다.

⑤ 두려움에 떨고 있다.

3 도둑들이 창문 너머로 본 것은 사실 무엇이었나요?

_____

4 동물들이 올라탄 순서를 밑에서부터 차례로 쓰세요.

| (4) | 맨 위 |

(3)

(2)

| 맨 아래 | (1) |

5 만일 이 글의 등장인물 가운데 대표를 뽑는다면 누가 대표를 맡는 것이 가장 좋을까요? 여러분의 주장에 대한 근거를 함께 들어서 써 보세요.

_____

_____

_____

◉ 다음 글을 읽고 물음에 답해 보세요.

브레멘 음악대 ❾

개, 고양이, 닭: (당나귀 등에서 내려오며) 우리 빨리 들어가서 배부터 채우자. 난 배고파서 쓰러질 지경이야.

당나귀: 나도 그래. 그 도둑들 도망가는 거 봤니? ㉠꽁지가 빠져라 도망가던걸. (웃는다.)

당나귀: (집을 둘러보며) 얘들아, 이 집 내 맘에 쏙 드는데, 너희들은 어떠니?

개: 나도 이 집이 맘에 들어. 공기도 맑고 나를 괴롭히는 주인도 없으니 말이야.

고양이: 그건 나도 그래. 특히 이 집 소파는 정말 포근해 보이거든.

닭: 나도 이 집이 좋아. 지붕에서 맘껏 목청 높여 노래해도 구박할 주인도 없고, 날 못살게 괴롭히던 사냥개도 없으니 편해.

당나귀: 그래, 그럼 우리 여기를 우리 집으로 삼고 살도록 하자. 다들 좋지?

개, 고양이, 닭: (모두 손뼉을 치며 큰 소리로) 그래, 이제 우리에게도 집이 생겼어. 자, 맘껏 노래 부르며 놀자.

당나귀와 개, 고양이, 닭이 어깨동무를 하며 즐겁게 노래를 부르며 ㉡막이 내린다.

I ㉠과 비슷한 의미의 속담은 무엇인가요?
   ① 밑 빠진 독에 물 붓기   ② 발 없는 말이 천 리 간다
   ③ 삼십육계 줄행랑이 제일   ④ 까마귀 날자 배 떨어진다
   ⑤ 닭 쫓던 개 지붕 쳐다보듯

2 개가 이 집을 마음에 들어한 까닭은 무엇인가요?
   ① 지붕이 높아서   ② 소파가 포근해서
   ③ 사냥개가 없어서   ④ 뛰어다닐 수 있어서
   ⑤ 공기도 맑고 괴롭히는 주인도 없어서

3 고양이가 가장 마음에 들어한 것은 무엇이었나요?
   ① 지붕   ② 소파   ③ 식탁   ④ 전망   ⑤ 텔레비전

4 ㉡은 무엇을 의미하나요?

   _____

5 등장인물들은 다음 장면에서 무엇을 할까요?
   ① 도둑들을 따라간다.
   ② 브레멘을 향해 떠난다.
   ③ 예전 주인들을 초대한다.
   ④ 예전에 살던 집으로 돌아간다.
   ⑤ 오두막집에서 모두 함께 산다.

◎ 이 글의 내용을 생각하며 다음 물음에 답해 보세요.

1 이 글은 두 막으로 나뉘어 있습니다. 막을 구분할 때 연극과 극본에서는 각각 어떻게 표현하는지 알맞은 것을 보기 에서 골라 그 기호를 쓰세요.

> 보기 ㉮ 무대의 불이 켜졌다, 꺼졌다 한다.
>   ㉯ '제1막', '제2막'으로 표시한다.

(1) 극본: ＿＿＿＿＿＿＿＿＿＿＿＿＿＿＿＿＿

(2) 연극: ＿＿＿＿＿＿＿＿＿＿＿＿＿＿＿＿＿

2 동물들이 음악대를 만든다면 각 동물들에게 알맞은 역할은 무엇일까요? 또한 그렇게 생각한 까닭도 말해 보세요.

(1) 닭: ＿＿＿＿＿＿＿＿＿＿＿＿＿＿＿＿＿＿＿

(2) 개: ＿＿＿＿＿＿＿＿＿＿＿＿＿＿＿＿＿＿＿

3 여러분이 애완동물의 입장이 되어 나를 키워 주는 주인에게 해 주고 싶은 말을 써 보세요.

＿＿＿＿＿＿＿＿＿＿＿＿＿＿＿＿＿＿＿＿＿＿＿＿＿

4 다음 보기 를 보고 빈 곳에 들어갈 내용을 기호로 쓰세요.

> 보기   ㉮ 등장인물   ㉯ 곳   ㉰ 때

(1) (   ): 옛날

(2) (   ): 어느 시골

(3) (   ): 당나귀, 개, 고양이, 닭

5 이 글을 실감 나게 읽으려면 누구처럼 읽는 게 좋을까요?
   ① 아나운서   ② 연극 배우   ③ 운동 선수
   ④ 동물 조련사   ⑤ 유치원 선생님

6 이 글은 무엇을 하기 위해 쓴 글인가요?
   ① 연극을 하기 위해   ② 경험을 기록해 두기 위해
   ③ 다른 사람을 설득하기 위해   ④ 누군가에게 소식을 전하기 위해
   ⑤ 사실을 알기 쉽게 설명하기 위해

7 이 글로 연극을 할 때 필요하지 않은 사람은 누구인가요?
   ① 닭 역할   ② 도둑 역할   ③ 주인 역할
   ④ 고양이 역할   ⑤ 당나귀 역할

8 동물들이 집을 떠나 얻고 싶어 한 것은 무엇이었을까요?
   ① 구박   ② 자유   ③ 젊음   ④ 복수   ⑤ 기록

심화 학습

9 극본 「브레멘 음악대」를 읽고 줄거리, 느낀 점, 다짐을 써 보세요.

◯ 다음 이야기를 읽고 지시된 방법대로 이야기를 이어 써 보세요.

상상하여 이어 쓰기

토끼와 거북

　토끼와 거북은 산꼭대기까지 경주를 하기로 하였습니다. 토끼는 열심히 달리기 시작했습니다.

　토끼는 한참을 달리다가 뒤를 돌아보았습니다. 거북이 저 뒤에서 엉금엉금 기어오고 있었습니다.

　토끼는 마음의 여유가 생겼습니다. 나무 그늘에서 한숨 자고 뛰어도 늦지 않겠다는 생각이 들었습니다.

　그래서 나무 그늘에서 한숨 자기로 했습니다.

공부한 날   월   일

1 이 글을 읽고, 거북이 이기도록 이야기를 이어 써 보세요.

_____

_____

_____

_____

2 이 글을 읽고, 토끼와 거북이 사이좋은 친구가 되도록 이야기를 이어 써 보세요.

_____

_____

_____

_____

3 원래 「토끼와 거북」 이야기에서는 토끼가 늦장을 부려서 거북에게 지고 맙니다. 경주에 져서 화가 난 토끼는 이튿날 다시 경주를 하자고 거북에게 말합니다. 다음 이야기는 어떻게 이어질지 상상하여 이야기를 완성해 보세요.

이튿날 토끼와 거북이 다시 만났습니다.

_____

_____

_____

_____

◆ 한자를 배워요: 숫자

◉ 다음 한자를 획순에 따라 써 보고 소리 내어 읽어 보세요.

一
'일'이라고 읽고
'하나'를 뜻해요.

1획 一

二
'이'라고 읽고
'둘'을 뜻해요.

2획 一 二

三
'삼'이라고 읽고
'셋'을 뜻해요.

3획 一 二 三

四
'사'라고 읽고
'넷'을 뜻해요.

5획 丨 冂 冊 四 四

五
'오'라고 읽고
'다섯'을 뜻해요.

4획 一 丁 五 五

六
'육'이라고 읽고
'여섯'을 뜻해요.

4획   六 六 六 六

六 六 六 六 六

七
'칠'이라고 읽고
'일곱'을 뜻해요.

2획   一 七

七 七 七 七 七

八
'팔'이라고 읽고
'여덟'을 뜻해요.

2획   八 八

八 八 八 八 八

九
'구'라고 읽고
'아홉'을 뜻해요.

2획   丿 九

九 九 九 九 九

十
'십'이라고 읽고
'열'을 뜻해요.

2획   一 十

十 十 十 十 十

● 문장 구성: 한자어의 적절한 사용

◉ 다음 낱말의 뜻을 잘 읽고, 문장의 빈 곳에 알맞은 낱말을 써 보세요.

> **보기** 삼면 [三面]: 세 방면.
> 기념 [紀念]: 어떤 뜻깊은 일에 대하여 잊지 아니하고 마음에 간직함.
> 역할 [役割]: 자기가 마땅히 하여야 할 맡은 바 직책이나 임무, 구실, 할 일.
> 발표 [發表]: 세상에 널리 드러내어 알림.

1 우리나라는 동쪽, 서쪽, 남쪽 이렇게 ＿＿＿＿＿＿이 바다로 되어 있습니다.

2 광복절은 우리나라가 해방을 맞이한 날을 ＿＿＿＿＿＿하기 위해 만든 날입니다.

3 우리 반에서 나의 ＿＿＿＿＿＿은 청소 담당입니다.

4 말하기 시간에 나는 우리 가족의 취미에 대해 ＿＿＿＿＿＿를 했습니다.

5 우리 부모님은 결혼 15주년 ＿＿＿＿＿＿으로 여행을 떠났습니다.

6 내 동생은 연극에서 할아버지 ＿＿＿＿＿＿을 맡았습니다.

정답

개인별 능력별 학습프로그램

기탄국어

H 단계 ❶집
1a-80b

기탄교육

1주 1a~20b

1

ⓑ 1 꽃밭   2 하양, 노랑, 빨강   3 ①, ⑤
4 ②   5 ②   6 ②

2

ⓐ 7 ③   8 (1) 어린 꽃봉오리. (2) 꽃 꼭지 위로
붙은 꽃 전부.   9 ③   심화 학습 10 (1) 개나
리, 진달래, 철쭉 (2) 봄비, 아지랑이 (3) 꿀벌, 호
랑나비, 제비

ⓑ 1 잘할 수 있을지 걱정이 된다

3

ⓐ 2 ③   3 ②   4 달고나, 핫케이크, 식빵 피
자   5 ②   6 달고나 위에 자기가 원하는 모
양을 찍어 내는 역할   7 별, 하트, 크리스마스
트리

4

ⓐ 1 (1) 불조심 (2) 국자 온도 조절하기 (3) 소다 조금
넣기   2 (2) ○   3 ②   4 ②   5 ③

ⓑ 1 캐러멜색   2 ④

5

ⓐ 1 ②   2 ②

6

ⓐ 1 집에 가서 가족들에게 주면서 자랑하고 싶어서
2 ④   3 달고나, 핫케이크, 식빵 피자   4
③   5 부모님, 가게   심화 학습 6 예 떡볶이,
라면, 토스트

7

ⓐ 1 (1) 옛날 (2) 옹진골 옹당촌 (3) 옹고집 영감

2 ②   3 (1) 욕심을 다 부리어. (2) 힘을 다해
서.   4 예 (1) 동생은 어린이날에 장난감을 안
사 준다고 심통을 부렸다. (2) 운동회날 수아는 달
리기를 못해 아이들로부터 괄시를 받았다.

ⓑ 1 ④

8

ⓐ 1 옹고집   2 옹고집이 알면 큰 봉변을 당할까
봐

9

ⓐ 1 ④   2 ②   3 마당, 빗자루, 스님   4
⑤   5 (1) 스님이나 절에 물건을 베풀어 주는
사람이나 일. (2) 예 불쌍한 늙은 중에게 시주해 주
시면 감사하겠습니다.

10

ⓐ 1 ⑤   2 ㉢   3 옹고집에게 봉변을 당하
고도 태연하게 옹고집을 대했기 때문에   4 ⑤
5 (1) 늙어 가는 무렵. (2) 예 삼촌은 늘그막에 공
부를 시작하였다.

11

ⓐ 1 ②   2 무학 대사를 내쫓고 몽둥이로 두들겨
주었다.   3 ②   4 ③   5 허수아비

12

ⓐ 1 ②   2 ④   3 ④   4 (1) 무책임한 (2)
무능력한   5 가짜 옹고집이 진짜와 너무 똑
같아서 누가 정말 주인인지 알 수 없었기 때문에
6 ①, ③

13

ⓐ 1 ①   2 ⑤   3 ④   4 ①   5 배꼽,
검은 점

14

ⓐ 1 지혜로운 판결을 내리기로 이름난 원님　　2
④, ⑤　　3 아옹다옹　　4 ②　　5 ①

15

ⓐ 1 가짜 옹고집이 진짜라는 판결이 내려졌다.
2 거지가 되어 지난날의 잘못을 후회하고 눈물을
흘렸다.　　3 과거의 잘못을 후회해도 소용없게
되었고, 현재 자신의 처지가 너무 비참해서　　4
②　　5 ④　　6 ③

16

ⓐ 1 무학 대사　　2 옹고집이 잘못을 뉘우치게 하
기 위해　　3 ⑤　　4 ①, ③　　5 ⑤　　6
지난날 제가 ~ 착하게 살겠습니다.

17

ⓐ 1 이제는 지난날처럼 살지 말아야지.　　2 ④
3 모두 구두쇠이다. / 가족과 이웃을 함부로 대
한다. / 사건이 일어난 후 자신의 잘못을 뉘우치
고 새사람이 된다.　　4 (1) 고집이 세고 가족
과 이웃에게 못되게 대함. (2) 착하고 정의롭다.
심화 학습 5 **예** 학용품 아껴 쓰기 / 용돈 절약해 저
금하기 / 물 받아서 양치질하기

ⓑ **예** 1 졸졸졸　　2 아장아장　　3 훨훨　　4
반짝반짝　　5 정답게　　6 살랑살랑　　7
눈부시게

18

ⓐ **예** 1 (1) 어제는 기분이 아주 좋아서 온 가족이 노
래를 불렀습니다. (2) 노란 병아리가 두리번거리
며 엄마 닭을 찾습니다. (3) 개미 가족은 쉬지 않고
열심히 먹이를 나릅니다.　　2 (1) 초가집 지붕
위에는 박 덩굴이 뻗어 있고, 개나리가 활짝 핀 울
타리 옆으로 병아리 세 마리가 모이를 먹고 있다.
(2) 부모님과 함께 푸른 바닷물이 출렁거리는 해수

욕장에 다녀왔다. 나는 알록달록한 수영복을 입
고, 수영도 하고, 모래로 집도 만들었다.

ⓑ **예** 1 커다란: 아우내 장터에서 커다란 만세 소리
가 들려왔다. 조그마한: 내 동생은 조그마한 강아
지를 좋아한다.　　2 길게: 아이스크림을 사려
는 줄이 길게 늘어서 있었다. 짧게: 교장 선생님
의 말씀은 짧게 끝났다.　　3 따뜻하게: 엄마 닭
은 따뜻하게 알들을 품어 주었다. 시원하게: 이
웃은 몸을 시원하게 해 준다.　　4 굵은: 어리석
은 머슴은 굵은 새끼줄을 꼬았다. 가는: 가는 바
늘에는 가는 실을 꿰어야 한다.　　5 성공: 나는
모형 비행기 만들기에 성공할 자신이 있다. 실패:
실패를 두려워하지 않는 사람이 용감한 사람이다.
6 밝은: 밝은 불빛이 방 안을 환하게 비추었다.
어두운: 전기가 나간 어두운 집 안에 혼자 있으려
니 무서웠다.　　7 느린: 길이 막혀 차가 느린 속
도로 달렸다. 빠른: 비행기는 가장 빠른 교통수단
이다.

19

ⓐ **예** 1 좁다란 골목길에 차들이 꽉 들어차 있다.
2 나는 밥을 빨리 먹습니다.　　3 옆집 유나는
미운 짓을 잘한다.　　4 월요일은 모두 바쁘게
움직입니다.　　5 그 농부는 게으른 사람이었다.
6 나는 오늘 한가하게 소설책을 읽을 계획이다.
7 학교에 늦게 갔더니 선생님께서 야단을 치셨다.

ⓑ 1 만약　　2 마치　　3 꼭　　4 꼭　　5 비
록　　6 하필　　7 매우　　8 더구나

20

ⓐ 1 역시　　2 오히려　　3 아무리　　4 결국
5 하마터면　　6 가장　　7 왜냐하면　　8
오래간만에　　9 아무쪼록　　10 물론

ⓑ **예** 1 만약 내가 대통령이라면 어린이날에는 모
두에게 선물을 주겠다.　　2 비록 몸이 약하더
라도 공부를 열심히 해야겠다.　　3 부자로 불
행하게 살기보다는 가난해도 행복하게 사는 것이

더 낫다.　　4 내가 손해를 볼지라도 너를 도와주겠다.　　5 다시는 친구 때문에 울지 않겠다. 6 주아는 노래뿐만 아니라 운동도 잘한다.　　7 서현이는 아팠음에도 불구하고 등교했다.　　8 나는 개를 싫어한다. 왜냐하면 개한테 물린 적이 있기 때문이다.　　9 눈길이 얼어서 하마터면 미끄러질 뻔했다.

살랑　　4 사뿐사뿐　　5 끔벅끔벅　　6 씽씽　　7 깡충깡충 / 엉금엉금

26

ⓐ **예** 8 씰룩씰룩　　9 울퉁불퉁　　10 아장아장 11 팔짝팔짝　　12 꾸벅꾸벅　　13 쩍　　14 생글생글　　15 반짝반짝

2주 21a~40b

21

ⓐ 1 ②　　2 ③

27

ⓐ 1 ⑤　　2 ④　　3 ①　　4 ①　　5 **예** 쥐불놀이, 엿치기, 제기차기, 놋다리밟기

22

ⓐ 1 ②　　2 정민이　　3 ④　　4 **예** 아파서 쓰러진 친구에게 나도 아파서 잠이나 실컷 자면 좋겠다고 웃었다. / "너희들 몸이 아플 때 누가 그런 말 하면 기분이 어떻겠니? 몸이 아픈 친구를 보면 잘 돌봐 주어야지."　　5 ③　　6 깔깔

28

ⓐ 1 ⑤　　2 ④　　3 (1) 도 (2) 개 (3) 걸 (4) 윷 4 잦혀진　　5 ⑤

23

ⓐ 1 ①　　2 선생님께서는 "얘들아, 조용히 하거라."라고 말씀하셨다.　　3 ⑤　　4 **예** 정민이에게 따뜻한 위로를 해 준다.　　5 빈혈 증세

29

ⓐ 1 ③　　2 ①　　3 (1) 정월 무렵 그해 농사가 높은 지대에서 잘될까, 낮은 지대에서 잘될까를 점치는 풍습 (2) 단순한 오락으로서 계절에 관계없이 일 년 내내 즐기는 놀이　　4 ④　　5 도, 개, 걸, 윷, 모, 윷, 모

24

ⓐ 1 ②　　2 ③, ④　　3 (1) ○

25

ⓐ 1 ②　　2 생활문, 놀리거나, 도와　　3 정민이의 이야기를 글로 써서 칭찬을 들었기 때문에 **심화 학습** 4 **예** 심부름을 잘했을 때 / 동생을 잘 돌봐 주었을 때

ⓑ **예** 1 두리번두리번　　2 기웃기웃　　3 살랑

30

ⓐ 1 추천　　2 '그네'라는 이름은 '귿' 또는 '끈'의 놀이라는 뜻을 가지고 있다.　　3 ⑤　　4 ② 5 외그네, 배그네, 맞그네, 짝그네

31

ⓐ 1 ②　　2 고구려 때나 그 이전에 씨름이 시작되었다.　　3 ④　　4 오른씨름, 오른씨름　　5 ④

32

ⓐ 1 (1) 씨름은 서로 샅바를 걸어 잡은 채 겨루는 경

기이다. ⑵ 배지기, 뒤집기, 잡채기, 다리 걸기 등 여러 가지 기술이 많이 발달했다.   2 ④   3 얼, 재주, 기상   4 ④   심화 학습 5 더욱 아끼고 사랑하면서 세계적인 운동 경기로 발전시켜 나가야 할 것이다.

33

ⓐ 1 다섯 아들이 매일 싸우기만 하는 것   2 예 참 걱정이구나!   3 ⑤   4 우애   5 자매   6 그치다

34

ⓐ 1 ②   2 ④   3 ④   4 ④   5 ②

35

ⓐ 1 ④   2 ⑤   3 ③   4 형에게 잘못을 빈 사람은 바로 동생이었습니다.   5 싸리나무, 꺾어

ⓑ 1 예 부지런한 농부는 땀을 뻘뻘 흘리며 열심히 일했다.

36

ⓐ 1 볼멘소리   2 여러 개가 묶여 있기 때문에

37

ⓐ 1 ⑴ - ㉯ ⑵ - ㉰ ⑶ - ㉭ ⑷ - ㉮ ⑸ - ㉱   2 예 할머니는 마당에서 놀고 있는 강아지를 물끄러미 쳐다보셨다.   3 웃음, 싸리나무, 다섯 형제

38

ⓐ 1 ⑤   2 동생이나 언니, 오빠와 사이좋게 지내지 않는 아이들   심화 학습 3 예 옛날 어느 마을에 아버지와 다섯 아들이 살고 있었다. 아들들은 사이가 나빠 하루도 다툼이 그치질 않았다. 그것을 걱정하던 아버지는 아들들을 불러 놓고 싸리나무를 꺾어 보라고 했다. 아들들은 각각의 가

지는 잘 꺾었지만 한 묶음은 꺾지 못했다. 아들들은 이것을 보고, 어떤 일이든 서로 도우면 쉽게 이룰 수 있지만 혼자서 하려면 이루기 어렵다는 것을 깨닫게 되었다. 다섯 아들들은 서로 우애 있게 지내며 잘 살았다. 이 이야기를 읽고 나는 그동안 동생과 싸운 일을 반성했다. 동생이 말을 안 듣고 귀찮게 할 때는 얄미웠지만 앞으로는 잘 타일러서 사이좋게 지내야겠다.

ⓑ 예 1 별   2 폭포수   3 앵두   4 보름달   5 젓가락   6 거북

39

ⓐ 예 7 요정   8 돌덩이   9 연기   10 바람   11 강물   12 천사   13 동태   14 아이   15 새   16 곰

ⓑ 1 공주   2 바람   3 전봇대   4 꾀꼬리   5 홍당무   6 찐빵   7 돼지   8 눈   9 고목나무

40

ⓐ 1 찰칵찰칵   2 삐거덕삐거덕   3 푸드덕푸드덕   4 뚜벅뚜벅   5 뿌드득   6 후드득   7 꼬꼬댁   8 보글보글   9 콸콸

ⓑ 1 드르렁드르렁   2 쿵쾅쿵쾅   3 아삭아삭   4 철썩철썩   5 또각또각   6 첨벙첨벙   7 개굴개굴   8 빵빵   9 구구

41

ⓑ 1 떡볶이   2 ⑤   3 ①   4 ③   5 혓바닥이 얼얼, 입 속이 화끈화끈했다.   6 ②

42

ⓐ 7 ②   8 예 아이들이 빤히 쳐다보자 얼굴이

화끈화끈 달아올랐다.
심화 학습 9 예 후르륵 짭짭 맛이 좋다.
입가에 까뭇까뭇
숯덩이를 바른 것 같다.
동생 얼굴 쳐다보니
웃음이 먼저 나온다.

43

ⓐ 1 ⑤   2 ③   3 예 6.25 전쟁   4 ⑤
심화 학습 5 사람들이 서로를 해치는 전쟁이 다시는
일어나지 않았으면 좋겠다.

44

ⓐ 1 ①   2 『치와와 여우 꼬리』   3 ①, ③
4 자신이 고아이기 때문에   5 불치병   6
③, ⑤

ⓑ 1 공부, 상식, 사람 됨됨이

45

ⓐ 2 ②   3 진우가 다른 선생님께 야단맞는 모습
4 정말 용감하고 아이들을 너무나 사랑하시는 것
같다.   5 ②   6 ②

46

ⓐ 1 선생님이 자기를 동정한다고 생각해서   2
③, ④   3 아름다운 사랑과 세상에는 자기 혼
자만 있는 게 아니라는 것   4 ④   5 예 정
민이는 비록 공부는 못하지만 운동은 열심히 한
다.   6 금빛나, 진우, 밝음

47

ⓐ 1 ⑤   2 ②   3 진우도 선생님을 진심으로
사랑하게 되었기 때문에   4 예 "너희들도 아껴
주고 사랑해 주신 선생님을 존경해야지, 그러면
되겠니?"   심화 학습 5 예 앞으로 우리를 잘 가
르쳐 주시는 선생님들을 더욱 존경해야겠다. 그리

고 금빛나 선생님처럼 어려운 환경의 아이들을 더
잘 돌봐 주고 사랑해 주어야겠다.

48

ⓐ 1 윤서, 하온   2 ④   3 ④   4 ④
5 할아버지 댁에 놀러 갔다가 알게 되었다.
심화 학습 6 예 (1) 이번 여름 방학 때 우리 집에 놀
러 와. 우리 같이 놀이공원에 가자. 어머니께서도
허락하셨어. (2) 하온 (3) 이번 주 (4) 우리 집 (5)
윤서

49

ⓐ 1 유관순   2 ⑤   3 일본, 고난   4 ④
5 선견지명

50

ⓐ 1 1919년 3월 1일   2 (1) 학생들이 독립 만세
시위에 참가했다. (2) 학교 문을 강제로 닫게 했
다.   3 ⓑ, ⓓ, ⓒ, ⓐ, ⓔ   4 독립 만세를
부르기로 한 일   5 태극기, 독립 만세

51

ⓐ 1 독립 만세를 부르기 위해   2 ②   3 일본
경찰   4 ④   5 (1) 한 군데도 빠짐이 없는
모든 곳. (2) 예 몸에 좋은 약을 찾기 위해 전국 방
방곡곡을 샅샅이 뒤졌다.

52

ⓐ 1 ③   2 ③   3 ②   4 ②   5 예 자
랑스런 대한의 딸 유관순

ⓑ 1 ③   2 ②, ⑤   3 ④   4 ③   5 예
다른 나라에 일제의 만행을 알리겠다.

53

ⓐ 6 (1) 충청남도 천안시 병천면 지령마을에서 태어
났다. (2) 신학문을 배우기 위해 서울 정동에 있는

이화 학당에 입학했다. (3) 3.1 운동에 참가하여 독립 만세 운동을 하였다. (4) 아우내 장터에서 독립 만세 운동을 하였다. (5) 일본 헌병에게 잡혀 재판을 받고 감옥에서 끝까지 항거하였다. (6) 열아홉의 나이로 감옥에서 숨졌다. **심화 학습** 7 **예** 유관순은 일본에 항거해 독립운동을 하다가 일본 헌병에게 잡혀 고문을 받고 결국 감옥에서 숨진 용감한 대한의 딸이었다. 나는 유관순의 전기문을 읽고 나라면 과연 무서운 일본 헌병들 앞에서 그렇게 용감하게 독립 만세를 외칠 수 있었을까 생각해 보았다. 아마 무서워서 도망쳤을 것이다. 하지만 지금부터라도 애국심을 길러 우리나라가 어려운 일에 처했을 때 나라를 위해 노력하는 사람이 되겠다고 결심했다.

b 1 일회용품, 자연환경

54

a 2 ⑤   3 무심코 버린 과자 봉지나 음식 쓰레기, 수많은 일회용품들   4 ③   5 쓰레기로 계속 파괴되고 있는   6 ④

55

a 1 (1) 물건 따위를 사들임. (2) **예** 나는 새 가방을 구입하였다.   2 도자기, 목재, 고기 뼈, 달걀 껍데기나 조개껍데기 등   3 더러워진   4 (1) 쓰레기를 조금씩 줄여 나가야 한다. (2) 음식을 남기지 말아야 한다. (3) 물건을 구입할 때 한 번 더 생각한다. (4) 분리배출을 더 철저히 한다. **심화 학습** 5 **예** 쓰레기를 버릴 때 캔이나 병 같은 재활용품은 재활용품 버리는 곳에 버린다. 싫증난 장난감은 친구들과 바꿔서 가지고 논다.

56

a 1 ②   2 (1) 콜라 캔, 황도 캔, 생선 통조림, 사이다 캔 (2) 생수병, 마요네즈병 (3) 맥주병, 양주병, 주스병 (4) 우유팩, 상자, 신문   3 쓰레기의 처리 비용과 쓰레기의 양을 줄이는 두 가지 이

익을 얻는 효과   **심화 학습** 4 **예** 쓰레기를 더 이상 둘 곳이 없어 곳곳에 버려 자연환경이 심하게 파괴되고, 동물이나 식물이 하나둘씩 죽어 갈 것이다.

b 1 그렇지만   2 왜냐하면   3 그리고

57

a **예** 1 (1) 우산을 쓰고 학교에 갔다. (2) 햇빛이 들었다.   2 (1) 심청이를 찾을 수 없었다. (2) 심청이를 만났다.   3 (1) 학교에 가지 않고 집에서 공부했다. (2) 뛰어난 호기심과 노력으로 훌륭한 과학자가 되었다.   4 (1) 나는 하나도 무섭지 않았다. (2) 비가 억수같이 쏟아졌다.   5 (1) 꽃이 너무 예뻤기 때문이다. (2) 엄마한테 꾸중을 들었다.

b **예** 1 (1) 병원 문이 이미 닫혀 있었다. (2) 학교에 갈 수 없었다.   2 (1) 우리는 도서관을 발견하였다. (2) 결국 도서관을 찾을 수 없었다.   3 (1) 달이 마을을 환하게 비추었다. (2) 곧 구름이 별들을 가려 버렸다.   4 (1) 아이들을 설득시킬 수 있었다. (2) 아이들이 즐거워했기 때문이다. (3) 아무도 들어 주지 않았다.   5 (1) 시험을 잘 보지는 못하였다. (2) 좋은 성적을 받았다.

58

a **예** 6 아직 선생님께서 오시지 않으셨다.   7 꽃과 잎도 크다.   8 북한산 정상을 볼 수 있었다.   9 하필 그날이 백화점이 쉬는 날이었다.   10 나는 생일잔치를 못 하게 되었다.   11 어제 내가 학교에 결석했기 때문이다.   12 친구들이 걱정을 하였다.

b **예** 1 벌써 봄이 되었다.   2 오늘 동생과 나는 방 청소를 했다.   3 열심히 산을 올랐다.   4 규칙적인 운동은 우리 몸을 튼튼하게 해 준다.   5 나는 매일 열심히 공부했다.   6 나는 오늘 친구들과 농구를 할 수 없다.

59

ⓐ 〔예〕1 (1) 우리 가족은 휴일이면 시골 할아버지 댁의 농사를 도와드려야 한다. (2) 요즘은 일손이 모자라서 우리 가족이 모두 도와드려야 한다.   2 (1) 모두 바쁘다며 오지 않았다. (2) 나는 아침을 먹자마자 학교로 갔다.   3 (1) 아침 일찍 일어나 어머니께서 김밥 싸시는 것을 도와드렸다. (2) 갑자기 비가 쏟아졌다.

ⓑ 〔예〕1 우리 선생님은 무용을 참 잘하세요. 그래서 체육 시간에 저희들에게 무용을 자주 가르쳐 주세요. 우리 선생님은 성격이 밝아요. 상냥하고 밝은 우리 선생님이 정말 좋아요.   2 저희 어머니와 아버지는 꽃가게를 하십니다. 어머니는 키가 작고 마르셨는데 아주 자상하십니다. 하지만 아버지는 다소 엄하십니다. 그렇지만 두 분 다 저를 아주 많이 사랑해 주십니다. 저도 부모님을 정말 사랑합니다.

60

ⓐ 〔예〕3 (1) 어머니 (2) 통통하면서 키가 크시고, 안경을 쓰심. (3) 자상하시고 가족들을 잘 돌봐 주심. (4) 빵집 (5) 내가 훌륭한 사람이 되는 것 (6) 피아노를 잘 치심.   4 〔예〕우리 어머니는 약간 통통하면서 키가 크시고 안경을 쓰셨어. 항상 우리 가족을 자상하게 돌봐 주시는데, 빵집을 하고 계셔. 우리 어머니는 내가 훌륭한 사람이 되는 것이 가장 큰 소망이시래. 그리고 피아노도 참 잘 치셔.

ⓑ 〔예〕5 (1) 김성민 (2) 대전 (3) 아버지, 어머니, 누나, 나 (4) 키가 크고 얼굴이 하얗고 안경을 썼음. (5) 명랑하다. (6) 컴퓨터 게임 (7) 컴퓨터 프로그래머 (8) 편식 (9) 귀여운 강아지를 키우고 있다.
〔예〕6 내 이름은 김성민이야. 나는 대전에서 아버지 어머니, 누나와 함께 살고 있어. 나는 키가 크고 얼굴이 하얗고 안경을 썼어. 성격은 명랑한 편이고 컴퓨터 게임을 아주 잘해. 나는 커서 컴퓨터 프로그래머가 될 거야. 나는 편식하는 버릇이 있어. 그래서 가끔 어머니께 꾸중을 들어. 나의 가장

친한 친구는 두 살 된 강아지 아롱이야.

4주   61a~80b

61

ⓐ 〔심화 학습〕1 〔예〕1연, 2연의 처음 행의 '찰칵'은 사진을 한 장씩 보는 것이고, 3연, 4연의 '찰칵찰칵'은 여러 장의 사진을 계속 보고 있는 것

ⓑ 1 옛날 과자, 약과

62

ⓐ 2 ④   3 ③   4 학교 운동장, 민속촌, 학교 버스, 1시간 10분   5 민속촌   6 약과

63

ⓐ 1 ②, ③   2 (1) 텔레비전 (○) 텔레비젼 (×) (2) 파출서 (×) 파출소 (○) (3) 동 주민 센터 (○) 동 주민 샌터 (×) (4) 복조리 (○) 복졸이 (×)   3 ④   4 ⑤   5 조상들의 옛 모습과 풍습을 자세히 알게 된 점   〔심화 학습〕6 죄지은 사람들을 다스리는 곳

64

ⓐ 1 ②   2 ①   3 ④   4 고추 따기   5 ④

65

ⓐ 1 수해로 고생하는 사람들이 많은데 놀러 가는 것은 좋지 못하다고 생각해서   2 여기저기에 수해를 일으켜서   3 ③   4 (1) 장마나 홍수로 인한 피해. (2) 〔예〕작년에는 수해로 인해 많은 사람들이 고생을 했다.   5 햇볕이 쨍쨍 내리쬐어 뜨거웠습니다. 그렇지만(하지만, 그러나) 모처럼 비가 오지 않아서 좋았습니다.

66
ⓐ 1 장마철이라 고추가 많이 열리지 않아서　2 장마　3 고추 따기, 고구마 캐기　4 ①
5 ⑤

67
ⓐ 1 ④　2 장마가 길어져서　3 (1) 약을 뿌려도 금방 비가 와서 다 씻겨 나가 고추가 썩는다. (2) 고추 따기, 애호박 따기, 점심 먹기　4 ②, ⑤　5 ①　6 이모와 삼촌 댁(청주, 증평)

68
ⓐ 1 ④　2 ①　3 (1) 한 가지 일로 세 가지의 이익을 얻음. (2) 지난 설날에 나는 세뱃돈도 받고, 친척들도 만나고, 맛있는 음식도 많이 먹는 일석삼조의 효과를 얻었다.　4 할머니를 도와드려 몸이 피곤했기 때문에　심화 학습 5 (1) 봄 (2) 가을

69
ⓐ 1 ②　2 어느 시골　3 ⑤　4 ②　5 ②　6 늙어서 주인이 밥도 잘 주지 않고 팔아 버리려고 함.

70
ⓐ 1 난 이제 나이가 들었어. 그래서 주인님과 사냥도 다니지 못하는 신세가 되었어.　2 ②　3 늙고 쓸모없다며 주인에게 구박을 받는 신세　4 당나귀, 개　5 ③　6 ③

71
ⓐ 1 ③　2 예 함께 가면 안 되겠니?　3 (1) 몸이 잽싸서 쥐를 잘 잡았다. (2) 몸이 느려져서 쥐를 잘 못 잡는다.　4 ④　5 ⑤

72
ⓐ 1 닭도 주인한테 귀여움을 받지 못하고 있다. 2 ④　3 ②　4 ⑤　5 ①, ②　6 ①, ⑤

73
ⓐ 1 늙고 주인에게 미움을 받음.　2 너도 함께 가라.　3 브레멘　4 ①　5 ⑤　6 당나귀, 개, 고양이, 닭

74
ⓐ 1 집 안에서 무슨 소리가 들렸기 때문에　2 ⑤ 3 ⑤　4 ①　5 ⑤　6 오두막집 앞

75
ⓐ 1 ⑤　2 ③　3 도둑이 깜짝 놀라 달아나게 하려는 생각　4 내 등 위로 올라탈래?　5 당나귀　6 예 "경찰이다!"라고 소리 질러 도둑들이 도망가게 한다.

76
ⓐ 1 ④　2 ⑤　3 당나귀, 개, 고양이, 닭이 천을 뒤집어쓴 모습　4 (1) 당나귀 (2) 개 (3) 고양이 (4) 닭　5 예 당나귀가 대표가 되어야 한다. 왜냐하면 당나귀가 이 여행을 제일 먼저 시작했고, 도둑들을 쫓아낼 계획도 세웠기 때문이다.

77
ⓐ 1 ③　2 ⑤　3 ②　4 연극이 끝났다. 5 ⑤

ⓑ 1 (1) ⓝ (2) ㉮　2 예 (1) 하프 – 두 날개로 아름답게 연주할 수 있을 것이다. (2) 피아노 – 네 발로 건반 위를 움직일 수 있을 것이다.　3 예 나에게 먹을 것을 많이 주시고 예뻐해 주세요. 4 (1) ㉰ (2) ㉯ (3) ㉮

78

ⓐ 5 ②   6 ①   7 ③   8 ②   심화 학습 9

㉕ 늙고 쓸모없어져 주인에게 구박받던 당나귀, 개, 고양이, 닭들이 음악대를 만들려고 브레멘으로 가다가 숲속 오두막에 살고 있는 도둑들을 혼내 주고 그곳에서 살기로 한다. 이 글을 읽고 주인에게 버림받은 동물들이 불쌍하다고 생각했다. 앞으로는 불쌍한 동물들을 더욱 사랑해 주어야겠다.

79

ⓐ 1 ㉕ 한참 자고 일어나 보니 거북이 보이지 않았습니다. 거북은 벌써 결승점에 거의 도착해 있었습니다. 토끼는 부리나케 달렸습니다. 그러나 거북을 따라잡을 수 없었습니다.   2 ㉕ 거북은 자고 있는 토끼를 깨웠습니다. "토끼야 여기서 잠들면 어떻게 해? 우리 같이 달리자." 거북과 토끼는 사이좋게 결승점을 향해 달려갔습니다.   3 ㉕ 토끼는 거북에게 또다시 경주 신청을 했습니다. 토끼도 이번에는 쉬지 않고 열심히 달렸습니다. 토끼는 경주에서 이겨서 너무 기뻤습니다. 그리고 토끼는 아무리 쉬운 일이라도 열심히 해야 한다는 것을 깨달았습니다.

80

ⓑ 1 삼면   2 기념   3 역할   4 발표
5 기념   6 역할